Les carnets de psycho

Pour ne pas se faire manipuler

Les carnets de
psycho

Pour ne pas se faire manipuler

EDITIONS ESI

Sommaire

- Introduction.......9
- Pourquoi user de manipulation ?.......10
- La théorie de l'engagement.......15
- Le sentiment de liberté.......20
- Le principe de réciprocité.......25
- Le besoin d'appartenance.......30
- La position d'autorité.......35
- Estime de soi et influence.......40
- Bien mentir.......45
- Le langage du corps.......50
- Toucher et proxémie.......55
- Les leçons de la PNL.......60
- L'effet de puits.......65
- Le jeu de la séduction.......70
- Parler à un homme.......75
- Parler à une femme.......80
- Le leurre et l'amorçage.......85

■ Le pied dans la mémoire 90
■ Créer le besoin 95
■ La technique peur/soulagement 100
■ La psychologie inversée 105
■ La stratégie gagnant-gagnant 110
■ Désamorcer un conflit 115
■ La manipulation passive 120
■ Savoir analyser la situation 125

Cahier pratique

■ Qu'est-ce que la manipulation ? 136
■ Le terreau de la manipulation 140
■ Techniques de manipulations usuelles 150
■ Test : Êtes-vous influençable ? 164
■ Dans les rets du pervers narcissique 166
■ Échapper aux manipulateurs 174
■ Résultats du test 192
■ Mémo 193

Introduction

Manipulez !

« Ce n'est même pas la peine que je lui demande une augmentation, il ne voudra jamais ! », « Sabrina, laisse tomber, elle m'a dans le nez, je vais plutôt les faire moi-même mes photocopies ! », « Je ne sais pas s'il m'accompagnera finalement à cette soirée, il n'avait pas l'air très convaincu... »

Qui n'a jamais rêvé de, pour une fois, tirer les ficelles ? De cesser de dépendre de la volonté capricieuse d'un collègue lunatique, d'un patron radin ou d'un ami hésitant ? Que diriez-vous de reprendre la main et d'optimiser votre influence sur les autres ? Les techniques et les outils de manipulation ne sont pas réservés qu'à servir de sombres desseins. Bien maîtrisés et utilisés à bon escient, ils peuvent vous aider dans votre vie quotidienne à faire entendre votre voix : faire la différence lors d'un entretien d'embauche, convaincre vos collègues ou vos proches, négocier une augmentation, gérer les conflits, ou même séduire... Ce guide n'a rien d'un pacte avec le diable, il est destiné avant tout à vous aider à améliorer vos compétences de communication. Vous y trouverez dans une première partie, les principes psychologiques sur lesquels s'appuie la manipulation, puis vous découvrirez les outils pour influencer et les techniques plus élaborées que vous pourrez mettre en œuvre et enfin une partie récapitulative où vous pourrez envisager la manipulation en fonction des personnes que vous souhaitez influencer. Les témoignages vous aideront à considérer les applications concrètes de ces connaissances théoriques.

Pourquoi user de manipulation ?

« Quand on se fout de la morale, le moral va mieux. »

Albert Willemetz

Témoignage

« J'ai toujours été très honnête, un peu poire maintenant que j'y pense. Je n'ai jamais usé de stratagème, je ne mens pas, je suis directe. Dans ma vie privée et au boulot aussi. J'ai un travail que j'exécute sérieusement et je m'attendais à être reconnue pour ça. J'ai été augmentée quelques fois mais mon salaire n'a jamais vraiment décollé.
Ça, c'était avant que je ne sympathise avec Caroline, la nouvelle standardiste. On travaille dans le bâtiment, alors les femmes sont plutôt rares. Caroline, c'est tout le contraire de moi. Elle est toujours à comploter, minauder, mentir pour obtenir ce qu'elle veut… et elle l'obtient ! Elle a donc réussi à avoir une augmentation. Sa technique était assez simple, elle ne demandait pas s'il était envisageable qu'elle ait une augmentation, comme moi je l'avais fait, elle demandait un chiffre précis d'augmentation, extrêmement élevé, qu'elle était sûre de ne pas obtenir. Mais elle le faisait avec un tel aplomb que la question même de l'augmentation ne se posait pas et qu'on lui en proposait naturellement une plus modeste. Elle m'a expliqué également qu'elle laissait entendre que d'autres étaient prêts à l'embaucher, ce qui était évidemment faux. Elle m'a expliqué que dans la vie professionnelle, les plus méritants n'étaient pas les plus récompensés à moins qu'ils sachent y faire et qu'il s'agissait d'un jeu social comme un autre, où personne ne risquait rien. Depuis que j'ai compris cela, ma vie a un peu changé. » Nelly, 47 ans

Un peu de théorie

Communication et manipulation

On a beau s'en défendre, la manipulation est partout autour de nous, que ce soit au travail (avec nos collègues, nos employés, nos supérieurs hiérarchiques) ou dans notre vie au quotidien (en famille, entre amis, chez les commerçants, etc.). Si l'on s'en tient à la définition la plus simple, « amener quelqu'un par des voies détournées à faire ce qu'on veut », c'est plusieurs fois par jour qu'on en est l'auteur ou l'architecte, le plus souvent sans même y penser. En effet, en considérant stricto sensu la définition, l'on joue sur ce terrain dès que l'on ne demande pas franchement et directement quelque chose. Et l'on a beau être le plus honnête du monde, on sait tous, d'expérience ou d'instinct, comment procéder avec certaines personnes ou dans certaines situations. Je sais, par exemple, que si je lance la boulangère sur sa famille, elle m'ajoutera sans doute un petit cadeau à mes achats ; je sais qu'il ne faut pas demander à mon collègue quoi que ce soit avant le déjeuner sous peine de voir ma demande automatiquement rejetée ; je sais que si je dis à ma mère que mon fils est malade, elle me proposera de venir le garder… Toute communication est une sorte de manipulation.

L'expérience nous prouve bien souvent qu'il ne suffit pas de demander pour être exaucé. Comprendre comment sont motivées nos actions et nos décisions, connaître les outils de communication, les adapter à son public et maîtriser certaines techniques vous permettra d'obtenir beaucoup plus que vous ne l'espériez.

La manipulation innocente

Si toute communication est manipulation, toute manipulation n'est pas innocente pour autant. Il y a un monde entre amener son mari à faire la vaisselle de lui-même et endormir la vigilance d'une personne pour lui voler son argent. Les spécialistes s'accordent pour distinguer en réalité trois types de manipulation : la manipulation dite « innocente » appelée aussi influence, la manipulation égocentrique et la manipulation malveillante.

L'influence vise le « bien » de la personne sur laquelle on l'exerce. Manipuler ne signifie donc pas forcément nuire à autrui. Le « bien » tel qu'on l'entend, cela va sans dire, c'est-à-dire qu'on incite quelqu'un à aller vers ce qu'on considère, nous, comme juste ou meilleur pour eux. On le fait donc pour eux mais pour nous aussi, pour notre conscience. Il peut s'agir, par exemple, d'amener ses enfants à se laver les dents pour éviter les caries, à lire ou à respecter le code de la route : on pense que c'est bien pour eux, et l'on use de tous les procédés efficaces pour les y amener s'ils ne le font pas eux-mêmes directement. Le cadeau que l'on fait est souvent à mettre dans cette catégorie aussi : j'offre ce livre à mon frère parce que je connais ses goûts et je sais qu'il va l'apprécier ou que cette lecture lui sera bénéfique. Ce peut être aussi pour protéger ceux qu'on aime : faire cesser un comportement qu'on juge nocif ou dangereux (fumer, se surmener, etc.) ou les aider à surmonter leurs appréhensions ou à progresser.

Les manipulations égocentrique et malveillante

La manipulation égocentrique a pour but le bien, la satisfaction, la réussite personnelle de la personne qui l'exerce. C'est l'augmentation négociée d'une main de maître, c'est le rendez-vous obtenu contre toute attente ou encore le cadeau de Noël qui ne tombe bizarrement pas à côté. Attention, « égocentrique » ne veut pas forcément dire qu'il y a une personne lésée dans l'histoire, cela signifie seulement que vous êtes le bénéficiaire de l'opération. Si vous œuvrez en vue de vous faire aider par des amis tire-au-flanc pour votre déménagement, à moins d'un accident, vous aurez atteint votre objectif et vos amis auront peut-être eu l'occasion de passer un bon moment ensemble. Dans tous les cas, vous n'aurez fait souffrir personne. En revanche, si vous vous félicitez d'arriver à emprunter de fortes sommes à ces mêmes amis sans jamais les rembourser, ils y trouveront sans doute à redire à un moment ou à un autre.

La manipulation malveillante est complètement différente. Elle vise la destruction de l'individu influencé. Bien évidemment, vous ne trouverez dans ces pages aucune recette pour vous aider à devenir un parfait harceleur ou un pervers narcissique hors pair, mais il peut être utile quand on commence à maîtriser l'art de l'influence de poser des garde-fous. Demandez-vous toujours jusqu'où vous êtes prêt à aller, quelles sont les limites à ne pas franchir et si vos agissements ne nuisent en rien à la personne que vous êtes en train d'influencer.

À RETENIR

Tout le monde manipule tout le monde

C'est un des effets de la communication. On le fait la plupart du temps sans y penser. On l'utilise à chaque fois qu'on n'est pas dans une demande directe pour parvenir à nos fins. On peut avoir recours à plusieurs techniques en fonction des personnes à manipuler. Il y a trois types de manipulation à différencier : innocente, égocentrique et malveillante.

Manipuler pour l'intérêt d'autrui

la manipulation innocente est aussi appelée influence. Elle vise le bien, la protection ou le plaisir de la personne qu'on manipule. C'est faire en sorte qu'elle fasse quelque chose qu'on considère bon pour elle mais auquel elle n'aurait pas pensé toute seul. C'est simplement optimiser sa façon de communiquer pour obtenir plus facilement ce qu'on recherche.

Les autres types de manipulation

La manipulation égocentrique a pour objectif son propre bien-être, la personne manipulée n'est qu'un moyen d'y parvenir. On l'utilise sans lui nuire. Quant à la manipulation malveillante, elle est dangereuse et nocive, il y a toujours un risque à jouer avec les armes de communication. Gardez les pieds sur terre et ne vous laissez pas aveugler par le pouvoir.

La théorie de l'engagement

« Le sage change d'avis et le sot s'entête. »

Proverbe espagnol

Témoignage

« Il m'est arrivé une fois de participer à un concours de cuisine. L'épreuve du jour consistait à réaliser un gâteau d'anniversaire un peu exceptionnel pour un goûter d'enfants. J'avais à ma disposition un super moule en forme de château de princesse. J'étais ravie ! je me mets au travail : avec enthousiasme, je prépare ma génoise et je la verse dans le moule tandis que le four préchauffe. Là, un autre concurrent me fait remarquer que j'ai oublié de graisser le moule : erreur de débutant ! À ce moment-là, il aurait été simple de retirer la pâte, rincer le moule et le graisser tout simplement, en plus il me restait beaucoup de temps devant moi. Mais, je ne sais pas ce qui m'a pris, j'ai complètement ignoré sa remarque, j'ai continué ce que je faisais comme si de rien n'était et j'ai mis mon gâteau au four. Le moment du démoulage a été épique : j'ai perdu deux tours sur les quatre et le reste n'était pas dans un état présentable non plus. La catastrophe ! J'avais encore le temps de recommencer… pourtant, je me suis acharnée, j'ai fait un glaçage au chocolat. Le résultat était affligeant : il y avait bien une vague idée de château mais on aurait dit qu'il avait été dévasté par un fleuve de boue. Pour rendre tout ça un peu plus gai, j'ai eu l'idée d'ajouter des bonbons colorés un peu partout. Un désastre, non seulement mon gâteau ne ressemblait à rien du tout mais en plus il était immangeable parce que beaucoup trop sucré. J'ai perdu, bien évidemment. » Gaëlle, 24 ans

Un peu de théorie

La cohérence et l'engagement

Quand on prend une décision (justifiée, extorquée, n'importe quelle décision), on a tendance à ne pas changer d'avis et même à agir dans la droite ligne de cette décision : c'est ce qu'on appelle la cohérence. Évidemment, c'est plutôt normal et sain. À qui pourrait-on se fier si tout le monde s'avisait de changer d'avis sans raison ou agissait de façon contraire à ses décisions ? Là où c'est moins raisonnable, c'est quand la décision s'est avérée être mauvaise, qu'elle n'a pas eu les résultats qu'on attendait et qu'on ne renonce pas, qu'on continue tout de même à s'acharner.

Chaque décision ou action a un coût : en argent, en temps, en énergie… Et plus une action est chère, plus elle est engageante. Plus j'investis dans quelque chose, moins je suis susceptible de revenir en arrière, sous peine de voir mon investissement gâché. Imaginons que je sois invitée à un mariage et que je cherche de belles chaussures pour aller avec une robe que je possède déjà. Je cherche pendant un après-midi entier et je ne trouve rien. Après tout ça, je pourrais raisonnablement reconsidérer le choix de ma robe mais comme j'ai déjà engagé du temps dans cette recherche, je vais m'obstiner et perdre encore plus de temps en espérant trouver la perle rare. Et plus je vais chercher, plus je vais être engagée dans cette recherche, plus j'aurai du mal à renoncer. L'escalade d'engagements se caractérise justement par une série de décisions qui sont de plus en plus coûteuses et infructueuses.

Le piège abscons

C'est le piège dans lequel on s'est mis tout seul à cause de l'effet pervers de l'engagement. C'est lorsqu'une personne campe sur ses positions, qu'elle reste focalisée sur une stratégie ou qu'elle maintient une ligne de conduite dans laquelle elle a déjà beaucoup investi (en argent, en temps, en énergie) et ceci au détriment d'autres stratégies ou lignes de conduites bien plus avantageuses mais qu'elle n'a pas voulu voir ni prendre en considération. Le principe est simple et le scénario connu de tous : on prend une décision qui s'avère rapidement mauvaise et, plutôt que de faire marche arrière et comme on a déjà « investi » dans cette mauvaise voie, on s'obstine en accumulant les erreurs. Et plus on s'obstine, plus on s'engage, et le piège prend forme. On peut, par exemple, observer ce phénomène au sein de couples que tout oppose, qui ne s'aiment et ne s'entendent plus mais qui s'évertuent à rester ensemble tout de même. Non seulement l'engagement entraîne l'engagement mais la remise en question implique souvent la reconnaissance d'une erreur originelle, ce qui n'est jamais agréable. On s'est investi dans quelque chose, on y a mis du cœur et on ne veut pas reconnaître qu'on a fait tout ça pour rien. C'est le plat dans lequel on a renversé trop de sel qu'on essaie de sauver en ajoutant des épices. C'est aussi le cas typique de mauvaise sortie d'autoroute : on continue parce qu'on pense que cela va bien mener quelque part jusqu'au moment où l'on est complètement perdu.

Quid de la manipulation ?

Cette tendance naturelle peut être exploitée pour la manipulation. Il suffit d'amener la personne à prendre une décision ou lui faire croire qu'elle a pris une décision. Dès lors, la personne est « engagée » et va agir conformément à sa décision. La plupart des manipulations consistent, pour un résultat souhaité B, à extorquer une première décision A, simplement destinée à « conditionner » la personne dans une chaîne de décisions cohérentes. J'ai besoin de téléphoner mais mon téléphone n'a plus de batterie. Si j'arrête quelqu'un dans la rue pour lui demander de but en blanc son téléphone, il y a peu de chances qu'il accepte. Mais si je commence par lui demander l'heure, il sera plus réceptif à ma demande quand elle viendra. La raison est simple : si je demande l'heure, il est peu probable que la personne refuse tant le coût du service est moindre. Ce qu'elle ne sait pas, c'est que, ce faisant, elle s'est comme engagée à me rendre service et qu'il lui sera difficile de dire non quand je lui demanderai de me prêter son portable. Un refus aussi peut être engageant : un ami de mon fils participe à une vente pour payer un voyage scolaire, il me sollicite pour acheter un lot de DVD. Je refuse poliment en arguant que j'aimerais l'aider mais que je n'ai que la moitié de la somme… Il décide aussitôt de les vendre à l'unité ce qui me met dans une position où il ne m'est plus possible de refuser. Ici, malgré mon refus, j'ai exprimé mon envie de l'aider, je me suis engagée là encore.

À RETENIR

Des comportements cohérents

Quand je prends une décision, elle n'est généralement pas isolée de ce que je suis en règle générale et elle conditionne la suite de mes agissements. Si une décision est mauvaise, on a tendance à vouloir persévérer parce qu'on s'est investi. Et plus une action me coûte (en argent, en temps, en volonté), plus elle va m'engager pour la suite.

Ne pas tomber dans le piège

Je prends une mauvaise décision sans m'en rendre compte. Et, plutôt que de la remettre en question dès que je m'aperçois qu'elle pose des problèmes, je préfère persister, continuer à m'engager, quitte à perdre beaucoup et à aggraver la situation. C'est ainsi qu'on se retrouve piégé. On perd finalement encore plus en s'obstinant qu'en s'arrêtant à temps.

Comment manipuler

La personne qui manipule doit mettre sa « victime » dans une dynamique qui va l'engager pour la suite. On lui demande par exemple un petit service qu'elle ne peut qu'accepter et lorsqu'on lui en demande un plus grand juste après, elle ne peut donc pas refuser. On a réussi à l'amener à prendre une décision et elle ne peut plus faire machine arrière.

Le sentiment de liberté

« Nul n'est plus esclave que celui qui se croit libre sans l'être. »

Goethe

Témoignage

« Je suis professeur de latin débutant à la fac. C'est un défi pour moi parce que c'est une matière difficile, une langue morte que peu d'étudiants ont envie d'apprendre, et tout à fait facultative dans le cursus où j'enseigne. Mon but, c'est garder le plus d'élèves possibles pour qu'on ne me sucre pas mon cours. Normalement, il suffit seulement que les étudiants y aient consacré un an pour qu'ils se réinscrivent l'année suivante. Il faut donc faire en sorte qu'ils s'investissent suffisamment pendant cette année-là. Avant, je donnais des devoirs et je faisais des interros très régulièrement mais ça ne marchait pas du tout. Les résultats étaient mauvais, ils me disaient tous qu'ils étaient déjà surchargés de travail, ils commençaient à sécher et beaucoup abandonnaient en cours d'année. C'était trop pour eux. J'ai donc décidé de changer de méthode : je propose des interros et des devoirs facultatifs. Je dis par exemple : "Pour ceux qui veulent et qui ont le temps, il y a une version très intéressante page x, si vous me la rendez, je la corrigerai" ou "Jeudi prochain, je ferai une interro de grammaire, vous êtes libres de participer ou pas." Eh bien, ça a marché ! Quand je propose un devoir facultatif, ils sont plus nombreux à me le rendre que quand c'était obligatoire ! Et, qui l'eût cru, les interros aussi ont leur succès ! Et les résultats aux partiels suivent évidemment. Bien sûr, il y a toujours des gens qui abandonnent mais beaucoup moins qu'avant. » Vincent, 34 ans

Un peu de théorie

La liberté, un concept flou

Donner une définition au terme de liberté est une tâche difficile à laquelle nous ne nous mesurerons pas. Le fait est que le sentiment de liberté, c'est-à-dire celui de pouvoir agir sans entrave ni influence, de faire ce que l'on veut (dans la mesure du possible) est un sentiment indispensable au bien-être de l'homme. Il fait partie de ses fondamentaux. Bien sûr, il est contraint de toutes parts, par son corps, les lois de la physique, les lois du pays dans lequel il vit, ou même par sa situation professionnelle ou familiale. Il serait trop facile de pouvoir agir toujours comme on l'entend ! Mais cela ne nous rend pas pour autant malheureux. On a tous des obligations, des responsabilités. On doit tous faire des petits efforts pour pouvoir s'insérer dans la société, dans un groupe, à l'école, au travail… bien sûr, il faut essayer de ne pas voir cela comme des entraves à notre liberté d'action, mais plutôt comme une envie de s'adapter pour mieux vivre avec les autres. À l'intérieur même de ces contraintes, on peut trouver de petites marges de manœuvre qu'il convient de préserver et qui permettent de ne pas nous sentir brider.

Pour réussir à manipuler une personne, il faut alors, avant tout, la laisser dans l'illusion qu'elle conserve toute sa liberté. Pour arriver à ses fins, il peut suffire pour cela d'utiliser une simple phrase pour faire tomber la vigilance : « Vous faites ce que vous voulez après tout », « Tu es entièrement libre de refuser ou d'accepter, bien sûr. »

Liberté et engagement

Créer ou préserver ce sentiment de liberté est donc le secret d'une bonne manipulation. N'oublions pas que manipuler, c'est amener quelqu'un par des moyens détournés à faire quelque chose qu'il n'aurait pas fait autrement. C'est l'influencer, l'amener à agir pour son bien-être, dans son intérêt. Pour qu'il y ait manipulation, il faut que cette personne soit intimement persuadée d'être aux commandes et qu'elle croit réellement être la seule à avoir pris ses décisions sans avoir été influencée par personne. Par exemple, si vous travaillez dans la vente, vous allez proposer plusieurs produits à vos clients, vous allez bien sûr, avant tout, vanter leurs qualités. Un autre bon argument de vente est la proposition d'un délai de rétractation : les clients ont la liberté de rendre le produit s'ils ne sont pas satisfaits. Cela les convainc donc d'acheter et une fois la décision prise « en toute liberté », le sujet est engagé. Et cet engagement les empêche, en général, de rendre ce qu'ils ont acheté. Ce serait la même chose pour un professeur qui déciderait de ne faire que des devoirs facultatifs à ses élèves. Ils auront alors l'impression d'avoir le choix de travailler ou non et à ce moment-là, s'ils décident de s'y soumettre, ils le feront vraiment. Ils commenceront à investir de leur temps et de leurs efforts dans cette matière, leurs résultats augmenteront, ils seront motivés parce qu'ils auront fait ce choix par eux-mêmes et il leur semblera logique de continuer sur cette lancée.

Soumission librement consentie

Dans tout cela, on ne peut pas nier qu'il y a une relation de pouvoir qui s'instaure entre les différentes parties. Imaginons un couple dont la femme veut aller passer le week-end chez ses parents. Elle pourrait tout simplement l'imposer à son mari : « Ce week-end, on va chez mes parents. » Mais avec cette technique, elle a peu de chances d'atteindre son objectif. Ou alors, elle peut agir de façon plus subtile en lui laissant entendre qu'il a le choix de ne pas venir s'il veut : « Ce week-end, je vais aller chez mes parents. » Il va sans dire que le mari ne serait jamais allé de lui-même passer le week-end chez les parents de sa femme. Il sait cependant qu'elle veut qu'il l'accompagne, même si elle ne le formule

pas, ce en quoi elle fait bien, puisqu'elle préserve son sentiment de liberté. On parle alors de soumission librement consentie : oui, je fais ce que tu veux mais parce que « je » l'ai décidé. On crée un sentiment de liberté dans la contrainte même.
On peut aussi jouer sur la peur de se faire manipuler en comptant sur l'effet de réactance. Dans les relations d'autorité ou d'emprise, le sentiment de liberté est constamment menacé et le sujet a tendance à résister pour le sauvegarder. Il peut se contenter de ne rien faire, c'est ce qu'on appelle la résistance passive, ou carrément faire le contraire, c'est-à-dire faire exactement ce qu'on nous interdit de faire, consciemment ou non. En agissant de la sorte, la personne a l'impression de reprendre les commandes.

À RETENIR

Pas de manipulation sans liberté

La liberté est un droit fondamental. C'est le propre de l'homme. C'est pourquoi, pour réussir à manipuler quelqu'un, il faut absolument qu'il pense que sa liberté n'est pas entravée. Il est facile d'endormir sa vigilance par des mots rassurants, qui mettent en valeur son libre-arbitre : « Bien sûr, vous êtes libre de refuser », « c'est toi qui vois »…

Une décision engageante

Tout l'art de la manipulation consiste à faire croire à la personne manipulée qu'elle a le choix, que c'est elle qui décide et qu'elle ne subit l'influence de personne. La décision qu'on prend librement est plus engageante que celle prise sous la contrainte. Et une fois que la personne s'est engagée, elle s'investit bien plus et ne revient pas en arrière.

Une relation de pouvoir

On peut préserver ce sentiment de liberté même quand on se plie à la volonté d'autrui, c'est ce qu'on appelle la soumission librement consentie. On obéit à quelqu'un mais parce qu'on l'a décidé : je ne me soumets pas, je décide d'accéder à ta demande. La peur de perdre sa liberté peut aussi être exploitée avec les manœuvres de la psychologie inversée.

Le principe de réciprocité

« Œil pour œil, dent pour dent. »

Exode

Témoignage

« Depuis quelque temps, pour arrondir mes fins de mois, j'exerce la profession de représentante pour une marque de parfums. Je dois faire du porte-à-porte pour essayer de les vendre. C'est une marque que je ne connaissais pas auparavant et qui n'utilise que ce procédé pour vendre ses produits. Au début, je le reconnais, j'étais assez sceptique mais la copine qui m'avait mise en relation m'a assuré qu'à chaque fois qu'elle présentait ses produits, elle réussissait à faire une vente. La technique est simple, on se rend chez la cliente potentielle, on lui explique un peu ce qu'est le produit en vantant ses qualités et puis on propose de laisser un coffret de démonstration pendant 48 heures chez elle, pour qu'elle l'essaie hors de toute pression, pour qu'elle en profite. Bien sûr, elle peut vider les bouteilles si elle en a envie. Mais en général, elle n'a pas le temps, ni l'envie ! On revient deux jours plus tard pour récupérer le coffret, débriefer, discuter un peu avec la cliente, voir ce qu'elle a pensé du parfum et tenter de lui vendre quelque chose. Et ça marche ! Au début, je ne comprenais pas trop pourquoi ni comment. Après tout, nos parfums sont de bonne qualité, c'est vrai, mais ils n'ont vraiment rien d'exceptionnel. Cela ne fait pas longtemps que j'ai saisi : en fait elles se sentent un peu redevables du "cadeau" qu'on leur a fait (profiter gratuitement de tous nos parfums pendant 48 heures) et s'acquittent de leur dette en faisant un achat. » Christine, 34 ans

Un peu de théorie

Un principe universel

Le principe est très simple : si une personne nous fait grâce de quelque chose, il faut lui rendre en retour. Il peut s'agir de n'importe quelle transaction : mon voisin me rend service, je m'efforcerai de lui être utile le moment voulu ; je reçois une carte de vœux, j'en enverrai une en retour, un simple « bonjour » demande une réponse équivalente. Et ce n'est pas qu'une règle de politesse restreinte : ce principe a cours dans toutes les sociétés humaines et s'applique à tous les échanges. C'est même l'un des principes de cohérence de toute société.

Nous agissons tous de cette manière et nous trouvons cela naturel. Quand je rends service à quelqu'un, j'en fais mon « obligé » et le terme n'est pas anodin. Il se sent véritablement contraint de me rendre la pareille. La possibilité d'accepter quelque chose sans rien faire en retour n'est pas envisageable. De fait, on préfère refuser un avantage, même présenté comme sans aucun engagement, que risquer d'être redevable à un moment donné à quelqu'un sans pouvoir honorer sa dette.

Imaginons par exemple un rendez-vous galant : Pierre invite Géraldine à dîner et insiste pour payer l'addition. Si le rendez-vous s'est bien passé, il est probable que Géraldine laissera Pierre payer parce qu'elle sait qu'ils seront amenés à se revoir et qu'elle pourra s'acquitter de sa dette ultérieurement. En revanche, si elle veut cesser net leur relation, elle insistera de toute évidence pour payer sa part, de façon à ne pas se sentir redevable.

Un outil de manipulation

On peut se soustraire à ce principe quand il est évident, comme dans l'exemple précédent : la personne invitée à dîner peut essayer de refuser le « don » qu'on lui fait. Mais il est également possible de créer des dettes. Prenons un exemple : si votre fille est adorable, qu'elle s'active à toutes sortes de tâches ménagères dans votre maison sans que vous ne réclamiez jamais rien, qu'elle est serviable, obéissante et sage, vous vous sentirez obligé d'accepter le service qu'elle vous demandera à un moment donné, quand elle voudra sortir en discothèque avec son petit copain. En effet, comment lui refuser alors qu'elle fait autant de choses pour vous, qu'elle est irréprochable ? Vous vous dites qu'elle mérite bien cette distraction, après toute l'aide qu'elle a apportée. Sa façon de procéder vous met devant le fait accompli, vous êtes comme piégé. Elle ne propose pas de tondre la pelouse, ni de mettre la table, elle le fait d'elle-même et crée ainsi une sorte de dette. Le « don » n'a pas à être seulement matériel, il peut tout simplement s'agir de temps. C'est sur ce principe que reposent la plupart des ventes en réunion : le vendeur donne de son temps, de son énergie, de son enthousiasme pour présenter ses produits et les gens se sentent obligés de lui acheter au moins « un petit quelque chose » en contrepartie du temps qu'il leur a consacré et du mal qu'il s'est donné (pour transporter son matériel, faire sa présentation, répondre aux questions, etc.).

Une technique

La technique dite de la porte au nez repose aussi sur ce principe de réciprocité. En voici le fonctionnement : je demande quelque chose à une personne, quelque chose qui, je le sais, est beaucoup trop coûteux (en argent, en temps, en énergie, en volonté…) pour qu'elle puisse accepter, bien qu'elle soit d'accord sur le principe de m'aider. Bien entendu, elle refuse. À ce moment, je peux demander ce que je veux réellement, c'est-à-dire une chose qui n'aurait pas été acceptée de prime abord. Mais parce que je l'amène juste après son premier refus, ma requête va obtenir un bien meilleur accueil. Pourquoi cela fonctionne-t-il ? Grâce au principe de réciprocité : j'ai fait une concession (j'ai diminué mes exigences), mon interlocuteur se sent comme obligé d'en faire une aussi (accéder à ma seconde demande). On joue ici sur le sentiment de culpabilité de notre interlocuteur : on sait qu'il est plein de bonne volonté, qu'il a envie de nous faire plaisir et de nous aider. Et puisqu'il a refusé notre première demande, il est prêt à tout accepter pour se rattraper. Pour que cette technique fonctionne, il faut bien gérer les deux propositions que l'on soumet, en sachant que l'une n'existe pas sans l'autre. Elles doivent également ne pas être trop éloignées l'une de l'autre dans le temps pour que la personne manipulée ait bien en mémoire son premier refus. Un peu de comédie est nécessaire également : il faut avoir l'air déçu ou montrer qu'on fait une concession, un pas vers l'autre.

À RETENIR

Une obligation

Cela ne se réduit pas seulement à de la politesse. C'est un fondement de la vie en société sans lequel nous ne pourrions vivre ensemble. Quand quelqu'un fait quelque chose pour nous, on veut faire quelque chose pour lui en retour. C'est ressenti comme une obligation. C'est pourquoi il peut nous arriver de refuser de l'aide, pour ne pas se sentir redevable.

Créer des dettes

Il est bien plus facile de refuser un avantage que de ne pas s'acquitter de la dette naturelle qui en découle. Des dettes peuvent être créées sans que les personnes s'en aperçoivent : on peut leur rendre service à leur insu, leur offrir un cadeau… Le don n'est pas forcément matériel. Il peut être plus abstrait : ce peut être du temps, de l'attention…

La porte au nez

La technique de manipulation de la porte au nez repose essentiellement sur ce principe de réciprocité. On fait une demande coûteuse à quelqu'un qui ne peut que refuser. Il se sent coupable. Il est donc prêt à accepter votre seconde demande, qui est celle que vous souhaitiez réellement concrétiser. Chacun a eu l'impression de faire un effort pour l'autre.

Le besoin d'appartenance

« La plupart des hommes sont incapables de se former une opinion personnelle mais le groupe social auquel ils appartiennent leur en fournit de toutes faites. »

Gustave Le Bon

Témoignage

« Je me souviens quand j'ai décidé d'ouvrir mon restaurant. C'était un rêve que j'avais depuis longtemps et je pensais vraiment en avoir la carrure et les capacités. Sur le plan de la cuisine certainement, et au niveau de l'accueil aussi, j'étais au point, mais il y avait un détail que j'avais complètement négligé : la communication. Mon resto était plutôt situé dans un quartier animé, mais il restait désespérément vide. Je n'avais que très peu de clients, et encore, seulement au début quand j'ai fait des offres promotionnelles. Je songeais réellement à mettre la clef sous la porte quand une amie m'a ouvert les yeux sur ce problème. Les gens ne vont pas dans des restaurants vides : dîner au restaurant coûte bien trop cher pour qu'on soit prêt à prendre des risques. Un restaurant vide n'inspire pas confiance, s'il n'y a personne, on pense qu'il y a une raison et c'est sûrement parce que ce n'est pas bon ! Plus un restaurant est plein, plus il ramène de clients et inversement. Elle m'a donc proposé d'organiser quelques jours de « faux remplissage » : elle a mobilisé tous nos amis communs et les siens, nos familles, nos collègues, pour me remplir le restaurant durant quelques soirs. Bien sûr, je les ai invités. Dès le premier soir, ça a marché, les gens

commençaient à s'arrêter sur le trottoir pour regarder la carte et quelques-uns sont entrés. Le troisième soir, on a dû refuser du monde ! Aujourd'hui, le restaurant marche bien, et tous les clients paient ! » Patrick, 43 ans

Un peu de théorie

Un réflexe naturel

L'homme n'est pas un animal solitaire, il se définit par les autres : fils de x, mari de y, ami de w, etc. Faire partie d'un groupe, d'une communauté, est une réalité et un besoin naturel. Chacun de nous appartient à une ou plusieurs communautés. Celles-ci sont basées sur des souvenirs, des goûts, des valeurs en commun. Il y a le cercle restreint de la famille, celui des amis, des collègues, mais aussi des cercles plus vastes comme celui d'une génération ou des habitants d'un pays ou plus spécifiques comme les fans d'un artiste ou les adhérents d'un club. Bien sûr, le groupe se nourrit de l'individualité de ses membres, mais il impose également une culture et un système de pensée que l'individu doit faire siennes s'il veut être reconnu comme légitime. Ce peut être une façon de s'habiller, une façon de parler ou encore d'appréhender la réalité.

Ne pas respecter les codes, c'est aller à l'encontre de la communauté et risquer de ne plus en faire partie, d'en être exclu. Sur le plan légal, si je transgresse la loi, je suis mis à l'écart du groupe société. À l'inverse, c'est en me conformant à ses codes que je rentre dans la communauté. Et s'il est un groupe dans lequel je me reconnais (comme par exemple, celui des mères, des gastronomes, des sportifs, ou des jeunes cools), j'aurais tendance à adopter ses attitudes. Et de fait, confronté à une situation inédite qui nous désarçonne, nous avons tendance à calquer notre comportement sur celui de nos pairs…

L'effet de groupe

Bien sûr, le groupe peut avoir une mauvaise influence sur l'individu qui en fait partie, celui-ci se retrouve comme pris au piège, et se sent obligé d'agir comme les autres pour rester intégré et éviter le rejet et l'isolement. L'effet de groupe peut être utilisé à des fins malveillantes dans le cas de dérives sectaires, de manipulations politiques ou de bandes organisées (malfaiteurs, gangs…). Il permet de se sentir plus puissant et d'en profiter pour exercer cette force du nombre sur d'autres groupes ou des individus isolés. On se sent protégé et invulnérable. Mais il peut aussi servir des intérêts plus nobles : récolter de l'argent pour une œuvre caritative, aider un proche à surmonter ses appréhensions ou fédérer des personnes autour d'un projet. Si les dons du sang s'installent en plein milieu des campus universitaires, ce n'est pas seulement parce que c'est plus commode pour les étudiants, c'est aussi pour fédérer un maximum de personnes qui, se reconnaissant dans les personnes qui entrent et sortent, seront plus facilement tentées de faire la même chose, de se laisser influencer. Les groupes de parole sont aussi fondés sur ce principe : les alcooliques anonymes ou les thérapies de groupe réunissent des personnes autour des mêmes problèmes et récréent une communauté où chacun va pouvoir se reconnaître en l'autre dans ses échecs mais aussi ses réussites, le tout dans une dynamique de progrès. Elles peuvent ainsi se servir de ce que font les autres pour s'en sortir.

Utiliser ce besoin

On peut utiliser le besoin d'appartenance de trois manières différentes. On pense d'abord naturellement au ressort identitaire : je me reconnais dans cette communauté parce qu'elle aime la même musique que moi, qu'elle pratique la même activité ou qu'elle a la même passion que moi. Elle adopte tel comportement dans cette situation, je vais donc faire de même. Les rédacteurs de pétitions l'ont bien compris et mettent en

avant les personnalités charismatiques qui les ont signées et qui vont de ce fait exercer une influence sur nous.
Mais on peut également jouer sur les aspirations de la communauté à laquelle souhaite appartenir la personne. C'est surtout dans le monde de l'adolescence, où le besoin d'appartenance est le plus palpable, qu'on trouvera les exemples les plus remarquables : untel va s'habiller de la même façon que le groupe dans lequel il ou elle veut se faire accepter, un autre deviendra végétarien comme son artiste préféré et sa communauté de fans, ou encore il va aller dans la boîte de nuit que fréquente la bande de copains avec qui il veut devenir ami…
Enfin ce phénomène peut aussi être utilisé comme repoussoir : telle attitude est caractéristique d'un groupe honni, elle est donc à bannir ou à éviter : « Non, pas ce tapis, ça fait nouveau riche, ringard, bobo, etc. » C'est ce que peut faire une mère sans le vouloir en montrant en exemple une personne représentative pour son fils d'une communauté à laquelle il ne souhaite surtout pas appartenir.

À RETENIR

Le respect des codes

Le besoin d'appartenance est un phénomène naturel. Il s'observe chez tous les individus qui se définissent souvent par la ou les communautés auxquelles ils appartiennent (famille, amis, collègues, pays…). Chaque communauté a besoin des singularités de ses membres mais possède ses propres codes qu'il faut respecter si on veut l'intégrer et y rester.

Une référence rassurante

Devant une situation inédite, on a tendance à imiter le comportement du groupe dans lequel on se reconnaît. Cette tendance peut être utilisée à des fins manipulatrices ou malveillantes, parce qu'on se sent protégé et puissant, mais aussi pour aider quelqu'un à surmonter ses peurs, à se lancer dans une entreprise ou fédérer des personnes autour d'un projet.

Le rapport au groupe peut être de trois sortes

L'identification fera que je me conformerai aux attitudes et aux réactions de ce groupe dans une situation donnée. Si j'aspire à faire partie d'une communauté, j'aurai aussi tendance à suivre son exemple. Si au contraire, j'éprouve de l'aversion pour un groupe, il suffira qu'on me dise que telle décision lui est caractéristique pour m'en éloigner.

La position d'autorité

« L'habit ne fait pas le moine, mais il fait l'homme du monde. »

Claude Aveline

Témoignage

« Je suis resté au chômage pendant longtemps. Mon CV et ma lettre de motivation suffisaient à m'obtenir un entretien mais après, je me plantais systématiquement. J'étais assez naïf pour croire que mes compétences suffiraient. Déjà, j'arrivais habillé normalement et je parlais simplement, naturellement. Résultat : je passais pour un stagiaire alors que je postulais à des postes de manager. À un entretien d'embauche, il faut`jouer un rôle, mettre un costume et agir comme si on était l'homme providentiel. Ce que je me suis finalement décidé à faire. J'ai acheté un costume, des chaussures en cuir, une mallette, j'ai potassé des statistiques et bossé ma langue de bois. Pendant l'entretien, j'ai joué au mec de 40 ans à qui on ne la fait pas : j'ai été posé, j'ai parlé au DRH d'égal à égal et l'ai noyé sous les phrases fumeuses de pseudo-théorie de management. Ça marchait complètement, je pouvais voir dans ses yeux qu'il était impressionné et ça me galvanisait. Nous avons fini l'entretien par une poignée de main bien virile juste avant que je ne l'invite à faire une partie de golf. Et bien sûr, j'ai réussi à avoir le boulot : un job en or avec plein de responsabilités et une paie assortie. Cela fait quelques mois déjà, au début j'ai continué à jouer mon rôle et puis j'ai relâché la pression petit à petit et aujourd'hui je suis à peu près naturel. Je n'ai pas l'impression d'avoir usurpé ce boulot, j'ai de bons résultats, personne n'a à se plaindre de moi. » Nicolas, 35 ans

Un peu de théorie

Autorité, soumission et manipulation

Le réflexe de soumission est solidement ancré en nous. Dès l'enfance, on se soumet naturellement à l'autorité des adultes (des parents à la maison et des professeurs, à l'école) et l'on ne la remet en question qu'à l'adolescence. Cette autorité est bénéfique, elle nous permet de ne pas douter de tout. Elle est légitime parce qu'elle s'appuie sur des connaissances et une expérience qui font défaut au petit enfant. Par la suite, si l'on se défend d'être soumis à aucune autorité, il est des personnes dont on ne remet pas la parole en doute à moins d'être soi-même de la partie. Pensez entre autres à votre médecin de famille ou à l'inspecteur des impôts.

La position d'autorité peut être utilisée pour des nobles causes. Elle est notamment utilisée pour collecter des fonds ou œuvrer pour la prévention (voyez les publicités qui montrent des chercheurs ou des médecins). C'est aussi de ce ressort que jouent les professeurs qui veulent faire progresser les élèves.

Sans avoir une position d'autorité reconnue, vous pouvez utiliser le réflexe de soumission pour obtenir ce que vous désirez. Il suffit souvent d'arborer les symboles de l'autorité pour faire illusion. Ce peut être particulièrement utile dans la recherche d'un emploi, dans l'exercice du management ou tout simplement pour créer un sentiment de confiance ou mettre en valeur votre propos. Attention, il s'agira d'être à la hauteur par la suite, si votre « numéro » venait à déboucher sur une relation plus longue.

Des expériences éloquentes

Les recherches les plus édifiantes en matière de soumission à l'autorité sont celles que le psychologue américain Stanley Milgram a menées au début des années 1960. Il s'agissait d'évaluer le degré d'obéissance à un ordre émanant d'une autorité présentée comme légitime même si celui-ci était contraire à la morale ou posait des problèmes de conscience. Dans cette expérience, on demandait à des sujets d'infliger à d'autres sujets des décharges électriques croissantes pour évaluer leur effet sur la mémorisation, le tout sous l'autorité d'un professeur. En effet, à chaque fois que la personne commettait une erreur, elle recevait une décharge. Malgré la souffrance (fictive) des « victimes », il s'est avéré que 62,5 % des sujets ont continué l'expérience jusqu'au bout, parce que le professeur les engageait à poursuivre. Ce dernier les tranquillisait en leur assurant qu'ils ne seraient pas tenus pour responsables des conséquences et qu'il fallait terminer l'expérience, que c'était le jeu. Plus récemment, la chaîne France 2 a mis en scène une expérience similaire : un jeu de questions fictif où les participants devaient envoyer des décharges électriques à chaque mauvaise réponse. Dans cette expérience, 80 % des tortionnaires ont accepté ! Ces expériences ont démontré que le réflexe de soumission était extrêmement fort chez la plupart des personnes du moment qu'il fallait obéir à une autorité légitime, et qu'il passait outre le bon sens ou la morale la plus élémentaire.

Les symboles de l'autorité

L'autorité vraie a besoin de temps pour s'imposer, pourtant le réflexe de soumission est la plupart du temps immédiat. Pourquoi ? Parce que ce à quoi nous sommes sensibles, ce sont les symboles de l'autorité. Ces signes extérieurs d'autorité peuvent être de plusieurs types :

– Naturels : une carrure imposante, une présence inébranlable, une manière de s'exprimer avec aisance peuvent déclencher une soumission naturelle chez qui n'est pas sûr de lui. Certains individus possèdent un charisme naturel, une assurance et une autorité qui font que personne ne viendrait contredire ce qu'ils disent ou s'opposer à ce qu'ils demandent. Ils sont sont prêts à croire tout ce qu'ils racontent sans douter du tout. Pour d'autres, malheureusement, c'est le contraire, ils ont beau avoir les meilleurs arguments du monde, être très sympathiques, cultivés, intéressants, leur voix n'est jamais écoutée, c'est à peine si on les remarque.

– Identitaires : un simple titre peut endormir toute vigilance ou aider simplement à ouvrir des portes : « Maître Lemoine à l'appareil, je vous appelle au sujet de mon chauffe-eau. » On est tout de suite impressionné par ces personnes-là qui n'ont pas l'air d'être n'importe qui, qui ont fait des hautes études, qui ont un métier prestigieux ou portent un titre de noblesse.

– Accessoires : des vêtements ou des objets symboliques, comme le costume et l'attaché-case chez un homme d'affaire, en font souvent bien plus qu'une argumentation étayée.

À RETENIR

Réflexe de soumission et position d'autorité

La soumission est héritée de l'enfance et perdure dans certaines situations où nous sommes comme conditionnés à obéir sans réfléchir ou du moins à ne pas remettre en question celui qui incarne l'autorité. L'autorité peut être utilisée pour influencer les autres, comme le font les leaders d'opinions. À vous de ne pas en abuser et d'en tirer le meilleur parti.

L'expérience de Milgram

Cette expérience réalisée dans les années 1960 aux États-Unis a servi à estimer le degré d'obéissance d'un certain nombre d'individus à une autorité légitime. La majorité des personnes ont accepté d'obéir aux injonctions pourtant cruelles (provoquer une décharge électrique) à partir du moment où c'était un professeur, un scientifique qui les sollicitait.

Utiliser les symboles de l'autorité

Ce sont ces symboles qui conditionnent le réflexe de soumission. Parce qu'ils ont fait des études, qu'ils ont de grandes responsabilités, les professeurs, les médecins, les hommes de lois inspirent le respect : un képi, une blouse blanche ou un titre assoient l'autorité de manière instantanée. Cela les pose d'emblée comme crédibles et dignes d'intérêt.

Estime de soi et influence

« Qui a confiance en soi conduit les autres. »

Horace

Témoignage

« Je vis en colocation avec Cindy. On ne se connaissait pas et ça colle bien entre nous. Pourtant, elle est tout le contraire de moi : extravertie, délurée… moi, je suis plus posée. Bon, je ne suis ni grande, ni mince, ni blonde comme elle… mais ça va plutôt bien. J'ai des amis, des résultats acceptables à la fac, je suis heureuse. Quand on nous voit pour la première fois ensemble avec Cindy, j'ai bien conscience qu'on me considère comme la petite grosse qu'elle traîne avec elle. En réalité, c'est plutôt le contraire. Non que je ne me considère comme le "cerveau", mais je crois quand même que je l'influence beaucoup. Malgré les airs qu'elle se donne, elle n'est vraiment pas sûre d'elle et accumule les plans foireux. Au début de l'année, je la retrouvais en larmes régulièrement, je passais des heures à lui expliquer qu'elle n'était pas la dernière des nulles. Je crois qu'elle a changé à mon contact, elle est moins angoissée, plus réfléchie. Elle a confiance en moi et m'écoute, du coup j'ai l'impression qu'elle choisit de mieux en mieux ses copains, et même elle commence à s'intéresser à autre chose. Ce qui est plutôt une bonne nouvelle parce qu'elle a un talent indéniable pour le dessin. J'ai vu qu'elle commençait à se sentir mieux dans sa peau, elle cherche à découvrir et étudier de nouvelles choses par elle-même. Elle a aussi une bonne influence sur moi à présent, elle m'aide à aller vers des personnes vers lesquelles je ne serais pas allée naturellement. » Chiara, 22 ans

Un peu de théorie

L'influence

L'estime de soi désigne la façon dont chacun se voit. C'est l'évaluation que chacun fait de soi-même. Ce n'est pas seulement la confiance en soi, c'est aussi le respect qu'on a de soi, l'amour qu'on se porte, la gestion du regard des autres et la capacité qu'on a à accepter son passé et se projeter dans l'avenir.

Avoir une bonne estime de soi, c'est accepter de se voir sans filtre négatif ou positif : avoir conscience de ses défauts et de ses faiblesses, certes, mais aussi de ses qualités. Ne pas être dans la dévalorisation. C'est se respecter pour ce qu'on est.

Avoir une faible estime de soi prédispose à être manipulé. Quand on ne sait pas où on va ni qui on est, qu'on doute de soi, de ses capacités, on a tendance à se reposer sur les autres pour décider à sa place. Et l'on ne se pose pas de questions sur la légitimité des personnes qui cherchent à nous influencer : de toute façon, elles valent mieux que nous. On se sent inférieur et vulnérable.

À l'inverse, une bonne estime de soi est la garantie d'une influence puissante. Quand on est à l'aise avec soi et avec les autres, on renvoie une image positive qui attire la confiance. C'est là que la différence avec la confiance en soi est cruciale : je peux être persuadé d'avoir raison et ne convaincre personne. Une personne dont l'estime de soi est bonne ne tient pas à avoir raison à tout prix, elle accepte le doute, la critique et les prend en compte. Si elle se trompe, elle le reconnaît et cela assoit son autorité.

Booster l'estime de soi

S'estimer, cela ne va pas de soi ! Cela dépend de beaucoup de facteurs, à commencer par l'éducation qu'on a reçue, l'image que nous ont renvoyée nos parents quand nous étions petits, la façon dont ils ont géré les difficultés, leur manière de nous inculquer leurs valeurs, de nous aimer, de nous faire confiance. C'est souvent à cette époque que se sont formées nos croyances négatives : « Je suis fainéant », « Je n'y arriverai pas », « Je ne suis pas digne d'intérêt ». Des parents trop distants ou trop valorisants peuvent nuire à l'estime de soi. Dans un cas, l'on ne se sent pas aimable, pas à la hauteur, incapable de croire en nous, dans l'autre, on croit que tout nous est acquis, qu'on est les meilleurs et quand la vie vient nous prouver le contraire, la chute est violente et on tombe de son piédestal. Par la suite, l'expérience et les rencontres continuent à la former. Des événements malheureux peuvent contribuer à construire une mauvaise image de soi et la confiance s'effondre. Parfois, il faut faire un véritable travail sur soi pour rétablir une estime de soi satisfaisante : revenir à plus d'objectivité (quels sont mes qualités, mes défauts, qu'en pensent réellement les autres ?), apprendre à faire preuve d'indulgence envers soi (je fais des erreurs mais je peux tâcher de m'améliorer), regarder en face ses erreurs mais aussi ses succès (je suis bon à ça), tirer les leçons de son passé, apprendre à lâcher prise et comprendre que tout ne dépend pas que de nous.

Une gymnastique quotidienne

Sans être pour autant complètement névrosé, on a tous des moments d'incertitude, de doute, de mal-être. On se sent perdu, démuni, on ne sait pas comment agir pour s'en sortir. Dans ces situations, on ne convainc personne. Des réflexes au quotidien peuvent vous aider. Se dévaloriser est une manie qui ne peut que vous nuire, pourtant c'est une habitude que nous sommes nombreux à partager : « Ne faites pas attention, je n'ai pas fait le ménage », « Ce pull ? C'est trois fois rien, je l'ai acheté en solde », « ça te plaît ? Moi, j'étais plutôt déçu de mon travail », « Jolie ? T'as vu mes cernes ? » Bien sûr, c'est un réflexe de modestie, mais à force, le message finit par s'ancrer et le regard des autres change ; après tout, en vous dévalorisant de la sorte, ce sont eux que vous critiquez (s'ils vous complimentent sans raison, c'est qu'ils n'ont pas beaucoup de jugeote). Apprenez à accepter les compliments, ce n'est pas une maladie honteuse. Ce n'est pas de la prétention de les prendre en compte. Si on vous trouve jolie, si votre travail plaît, réjouissez-vous ! De plus, être toujours négatif fait fuir les autres ou les met dans une position inconfortable. Cela rend vos relations plus difficiles.

Plus vous vous jugerez digne d'estime, plus les autres feront de même, c'est un cercle vertueux. Pensez-y quand vous voudrez négocier une augmentation, convaincre votre conjoint(e) de changer les rideaux, ou mobiliser vos collègues autour d'un projet qui vous tient à cœur.

À RETENIR

Influencer grâce à une bonne estime de soi

Si on veut convaincre les autres, il faut d'abord être convaincu soi-même. L'estime de soi correspond au respect et à l'amour qu'on se porte. Il s'agit d'accepter ses qualités et ses défauts avec objectivité. Quand on a une bonne estime de soi, on peut facilement influencer les autres parce qu'on dégage une image positive et agréable qui donne confiance.

D'où vient la mauvaise estime de soi ?

Avoir une mauvaise image de soi-même peut provenir de notre enfance, de notre éducation, du comportement de nos parents avec nous, ou d'expériences que l'on a vécues par la suite. Lorsqu'on se dévalorise et que l'on ne se sent pas digne d'intérêt, on a tendance à accorder trop rapidement sa confiance, on devient une proie facile à manipuler.

Un travail au quotidien

Cela arrive à tout le monde de perdre confiance. Se dévaloriser est une manie qui se travaille sur le long terme. Évitez les réflexes toxiques, acceptez qu'on vous fasse des compliments, soyez objectif, bienveillant avec vous-même et attentif à ce que vous réussissez. En changeant le regard que vous posez sur vous-même, vous influencerez celui des autres.

Bien mentir

« Tout le monde ment. Bien mentir voilà ce qu'il faut. »

Albert Camus

Témoignage

« J'ai beaucoup de mal à mentir. J'arrive bien sûr à mentir pour ne pas vexer les gens, dire "c'est délicieux", "non, tu ne me déranges pas", "ça te va super bien, cette coiffure". Ce que je ne réussis pas à faire, c'est enjoliver la réalité pour me tirer d'un mauvais pas ou me faire bien voir. Je vois bien comment font mes collègues : "Ma fille a vomi toute la nuit" ou "Je commence à en avoir marre de ces gens qui se garent devant mon garage !". Ça m'a joué des tours aussi au moment où je cherchais du travail : il y avait toujours une question lors de l'entretien où je bloquais. « Vous maîtrisez bien le logiciel XY ? Vous l'avez déjà utilisé dans votre boulot précédent ? » Je connais ce logiciel, je vois comment il fonctionne, ce n'est pas sorcier. Sauf que, malheureusement, je ne l'ai jamais utilisé dans ma vie professionnelle. Du coup, je dis oui, je vois comment ça marche mais non, je ne bossais pas dessus lors de mon ancien job. Ce serait si simple de dire oui bien sûr. Après tout, il ne s'agit que de rassurer la DRH. Non, au moment où je pourrais le faire, j'ai comme des vertiges, je l'imagine en train d'appeler mon ancien employeur et lui demander si je connais réellement ce logiciel. La dernière fois que ça m'est arrivé, c'est un de mes anciens collègues qui a décroché le boulot. Lui n'avait pas hésité à mentir ! Je dois faire des efforts pour apprendre à bien mentir, je m'en rends compte. Sinon, toutes les opportunités d'avancement me passeront sous le nez. » Nadège, 29 ans

Un peu de théorie

De bien vilains mensonges

On a été élevés dans la croyance que mentir, c'était mal. Sauf que... parfois, c'est bien utile et, soyons honnêtes, même les plus vertueux d'entre nous y ont recours. Qui n'a jamais dit en avalant son café à la hâte : « Je suis dans le bus, j'arrive » ? Qui n'a jamais affirmé à son enfant que la télé était cassée ? Qui n'a jamais dit à son employeur qu'il était coincé dans les embouteillages ?

On ment pour de bonnes raisons : pour se faire bien voir ou pour séduire, pour échapper à des remontrances, pour masquer ses erreurs, pour préserver les sentiments ou l'estime de soi d'autrui. Bref, pour influer sur ce que pense l'autre de soi, c'est-à-dire pour le manipuler. C'est un art qu'il convient de maîtriser si l'on ne veut pas se faire prendre car, si tout le monde s'accorde pour travestir la réalité sans trop de scrupules, personne, en revanche, n'est d'accord pour se faire embobiner.

On peut mentir par omission, pour se couvrir. Une bonne technique, largement pratiquée par les adolescents, consiste, plutôt qu'à occulter toute la réalité, à s'en confesser d'une partie. Cet aveu doit paraître coûteux pour celui qui le fait, suffisamment pour qu'on n'aille pas chercher plus loin ou pire. « Ça va pas te plaire mais je veux être honnête : quand je suis allé chez Kévin samedi, on est sortis et on a bu quelques bières. » Dite sur un ton suffisamment contrit, cette révélation se suffira à elle-même et l'on ira sûrement pas s'imaginer que Kévin a vomi et que tout le monde s'est battu.

Plus c'est gros, mieux ça passe ?

Si on veut avoir recours à un gros mensonge, il faut savoir observer certaines « règles » : il doit être monolithique, invérifiable et surtout se passer de commentaires. Par exemple, vous pourrez prétexter que votre petit garçon a été malade toute la nuit ou que quelqu'un s'est garé devant votre porte de garage. Qui irait demander des détails sur les troubles digestifs d'un enfant ou la marque de la voiture qui vous empêchait de sortir de votre parking ? Ce qui compte aussi, c'est que l'argument est choisi non seulement parce qu'il suffit à justifier totalement le retard en disculpant entièrement la personne, mais aussi parce qu'il met la soi-disant victime dans un état de fatigue, d'irritation ou d'énervement qu'on ne souhaite pas voir se prolonger plus longtemps. De fait, les collaborateurs de l'infortuné, bien loin de le blâmer pour son retard, le plaindront, compatiront ou s'évertueront probablement à essayer de lui changer les idées.

Il faut également faire attention à certains détails qui peuvent révéler notre tromperie : quand on ment, (à moins d'être réellement persuadé de ce que l'on dit et, dans ce cas, c'est pathologique, on est mythomane) on sait que l'on ment et l'on prend le risque de se faire trahir par son corps. Le regard est naturellement fuyant, on est plus essoufflé, les mots s'articulent moins bien. Essayez de regarder votre interlocuteur dans les yeux et de rester calme. Entraînez-vous devant un miroir si c'est nécessaire.

Mentir avec sobriété

Vous pouvez utiliser un gros mensonge, d'accord, mais sachez rester sobre. Partez du principe que vous dites la vérité et que donc, vous n'avez pas à vous justifier. Seuls ont à le faire ceux dont on soupçonne ouvertement les mensonges et qui se sentent coupables. Dès lors, ils en rajoutent beaucoup trop, ce qui rend les autres suspicieux à leur égard. Si, pour préserver la paix de votre ménage, vous voulez faire croire à votre conjoint(e) que vous avez bien payé la facture de gaz, inutile de raconter votre emploi du temps heure par heure au moment où il (elle) vous posera la question. Un simple « oui » devrait suffire.

Si on vous demande si un logiciel vous est familier : ne vous lancez pas dans la description de son fonctionnement, répondez sobrement : « Effectivement, c'est celui-là que j'utilisais lors de mon précédent job. » Souvenez-vous, ne donnez jamais de détails à moins qu'on ne vous le demande explicitement. « Quand je l'ai payée, la facture de gaz ? Avant-hier, il me semble. Quand ? Je ne sais plus… ah oui, en partant au travail, le matin. » ; « Quelle version du logiciel ? Je dois vous avouer, je n'en ai aucune idée, je ne fais pas attention à ce genre de choses. » Demandez-vous toujours : qu'est-ce que je dirais si c'était effectivement vrai ? Et de toute façon, si vous avez l'air convaincu au moment où vous répondez, on ne vous demandera rien de plus. Cependant, si c'est le cas, ne soyez pas trop précis et ne donnez pas trop de détails.

À RETENIR

Tout le monde ment

Même si on sait qu'il ne faut pas mentir, on a tous de bonnes raisons de le faire, de travestir, de cacher la réalité ou d'omettre certains détails. On agit de la sorte pour être bien vu, pour plaire, pour se tirer d'un mauvais pas, pour influer sur l'opinion de l'autre. C'est une façon de manipuler. Il faut cependant être vigilant pour ne pas être démasqué.

L'efficacité des gros mensonges

Les gros mensonges servent à dissuader votre interlocuteur d'en savoir plus. Ils doivent être indiscutables et vous disculper complètement. Attention à ne pas aller trop loin dans l'affabulation, un gros mensonge n'est pas un mensonge invraisemblable. Soyez conscient que votre corps peut vous trahir, entraînez-vous à rester calme et détendu. Contrôlez-vous.

Soyez avare de détails

Quand on dit la vérité, en général, on n'a pas besoin de se justifier ou de partir dans des explications. Faites de même quand vous mentez : ne vous étalez pas, ne vous attardez pas sur les détails, ne donnez comme informations que celles que vous donneriez si vous ne mentiez pas. Mais si vous êtes suffisamment sûr de vous, on ne vous questionnera pas.

Le langage du corps

« Les yeux sont les fenêtres de l'âme. »

Georges Rodenbach

Témoignage

« Je reviens d'un tournoi de poker. J'ai vite été éliminé mais j'ai continué à regarder. Le poker est un jeu de hasard mais la difficulté principale pour moi est de réussir à cacher mes "tells", c'est-à-dire toutes les réactions qui peuvent trahir mon jeu. Il est presque impossible de ne rien exprimer pendant une partie. Il y a toujours un paramètre qui tend à nous échapper : le regard, la voix, les mains… Les techniques qu'on emploie ne sont pas des secrets mais il faut vraiment avoir un bon niveau pour les maîtriser. Il y a, par exemple, le fait d'adopter une gestuelle propre pour le jeu : les mouvements doivent être automatiques et indépendants de l'état d'esprit. Il faut également apprendre à rester calme, à maîtriser ses émotions. On peut aussi porter des lunettes de soleil pour cacher l'expression de ses yeux. Surtout ne pas parler plus que nécessaire et adopter toujours la même syntaxe.

Il est aussi important de pouvoir lire les "tells" des autres. Chaque individu a sa propre façon de jouer, il n'y a donc pas de truc infaillible pour détecter la technique qui marche. Une bonne observation est la clef de tout. Pour découvrir les "tells" des adversaires, il faut se concentrer sur tous leurs mouvements pour repérer un indice, une manie, un geste récurrent. Vous aurez touché le gros lot si vous découvrez que votre adversaire a une attitude particulière quand il bluffe. Surtout, il faut toujours faire le lien entre les attitudes des joueurs et le contexte du jeu. » Maxime, 27 ans

Un peu de théorie

La communication non verbale

On ne communique pas seulement avec le langage. Notre corps et notre visage expriment quelque chose, aux aussi, de tout aussi important. La posture, la gestuelle, les différentes expressions du visage, les tics, la distance, les vêtements même, sont signifiants. Prêter attention aux positions du corps et aux mimiques qu'on peut lire sur le visage peut permettre de mieux comprendre son interlocuteur, de lire des choses en lui sans qu'il parle, voire de connaître la vérité alors qu'il essaie de nous mentir. Réussir à percevoir cela chez l'autre peut nous aider à maîtriser plus complètement le message que nous aussi nous envoyons.

Prenez, par exemple, un entretien d'embauche : les deux personnes sont normalement assises l'une en face de l'autre (parfois à côté). « Être assis sur une chaise » : cette simple position implique en réalité une multitude de positions (bras croisés, mains sur les cuisses, jambes croisées, main sur la bouche, etc.), qui révèlent un peu de votre personnalité ou de votre état d'esprit du moment. Ces attitudes sont toutes susceptibles de modifier la façon dont vous perçoit votre interlocuteur que ce soit de façon consciente ou inconsciente. Les professionnels du recrutement sont en général au fait de ces postures et savent lire le candidat indépendamment de ce qu'il dit. Ils savent décrypter ce que le corps exprime. Mais, nul n'est besoin de synergologie (la discipline qui étudie ces phénomènes) pour « sentir » les personnes.

Langage du corps et manipulation

À chaque geste ne correspond malheureusement pas un état d'esprit précis. Ce serait trop simple. Par exemple, mettre sa main devant la bouche peut tout aussi bien signifier l'intérêt que le désaccord le plus complet. La synergologie n'est pas une science et une observation

valable pour une personne n'est pas forcément valable pour une autre (surtout si elles sont de cultures différentes). Ce qu'il faut retenir surtout, c'est simplement que la position est signifiante. Il y a néanmoins des constantes : en règle générale, on admettra qu'il y a des positions ouvertes et des positions plutôt fermées. Dans les positions fermées, il y a un repli sur soi, c'est-à-dire qu'on croise les bras, les jambes, on serre ses mains, on replie ses jambes sous la chaise… Tout cela n'est pas bon signe pour l'interlocuteur et, de toute évidence, on ne lui fait pas confiance et on n'est pas prêt à accepter ce qu'il propose.
Pour celui qui veut faire preuve d'influence, la maîtrise du langage du corps est un formidable outil. D'abord parce qu'elle permet de savoir où l'on met les pieds, c'est-à-dire de voir si la personne est réceptive ou non à ce qu'on lui dit, si elle ment, si elle doute, si elle nous fait confiance… On peut ainsi adapter son discours et en constater les effets.
Il est également important d'avoir conscience des messages que l'on renvoie, pour ne pas se trahir quand on ment par exemple ou pour donner une impression de confiance, d'assurance.

Le cas du mensonge

À moins d'être bien entraîné, comme c'est le cas des grands joueurs de poker, par exemple, on ne peut mentir sans être trahi par son corps. Plusieurs signes peuvent être repérés.
Tout d'abord, commençons par étudier les yeux : les pupilles de l'œil sous l'effet de la chaleur mais aussi des émotions diverses se dilatent et se rétractent. On admet qu'elles se dilatent sous le coup d'une émotion positive et qu'elles se contractent quand nous éprouvons une émotion négative, ce qui arrive quand on ment. C'est la raison pour laquelle les joueurs de poker portent des lunettes noires, pour ne pas qu'on les voit bluffer. Ensuite, on peut observer au niveau de la respiration qu'une personne qui ment a tendance à expirer en fin de phrase, c'est comme

un soupir de soulagement. C'est un phénomène qu'il est assez difficile de repérer, il faut être assez prêt pour l'observer.
En ce qui concerne les contacts entre les mains et le visage, on se toucherait plus le visage quand on est en désaccord avec ce qu'on dit. Ce peut être poser un doigt sur sa bouche, se gratter le nez, se frotter un œil, etc. On peut également voir qu'un sourire sincère entraîne un plissement des yeux alors qu'un sourire forcé aura tendance à n'être exécuté que par la bouche.
Et pour finir, les attitudes inhabituelles ou répétitives comme croiser et décroiser les jambes, se passer la main dans les cheveux de manière répétée, malmener un objet… toutes ces attitudes trahissent un certain malaise, une forme de nervosité.

À RETENIR

Communiquer sans la parole

Les gestes, les postures, les expressions du visage en disent autant que le message verbal, voire plus. Par exemple, si votre interlocuteur se replie sur lui-même, c'est qu'il n'est pas réceptif à ce que vous dites. Apprendre à reconnaître ces signes chez les autres peut nous aider à les identifier chez nous et à mieux maîtriser l'image que nous renvoyons.

La signification des postures

Une posture ou un geste n'ont pas forcément le même sens en fonction des personnes et des situations. On peut retenir qu'il existe des positions fermées et ouvertes qui révèlent un peu de notre état d'esprit et de notre personnalité. Savoir maîtriser son corps permet d'adapter son discours ou son comportement par rapport aux circonstances.

Mentir sans être trahi par son corps

Le corps traduit toujours le conflit qui existe entre ce qu'on dit et ce qu'on pense même si c'est de manière imperceptible. Faites attention à ce que vos gestes disent de vous. Votre corps peut vous trahir, que ce soit au niveau des yeux, de vos mouvements de mains vers votre visage, de votre respiration, votre sourire ou de vos attitudes.

Toucher et proxémie

« Notre conseil : si vous voulez rester maître de vous-même en toutes circonstances, n'acceptez pas qu'on vous touche ! »

R.-V. Joule et J.-L. Beauvois

Témoignage

« Quand j'ai commencé à bosser dans la concession automobile, on m'a reproché d'être trop familier avec les clients. Non que je sois incorrect avec eux ou que je leur parle comme à des proches, non, ce qu'il y a, et ce qui a posé problème à mon patron, c'est que je les touche, je ne peux pas m'en empêcher. C'est comme ça, quand je dois parler à quelqu'un pour le convaincre, j'accompagne la parole d'un contact. Pas de manière outrancière ni déplacée, attention, j'établis juste un contact physique, je leur touche l'avant-bras par moments. Ou je les prends par le bras pour leur montrer un détail de la voiture. Ça n'a rien de sexuel, je fais ça aux hommes comme aux femmes. C'est assez naturel chez moi et puis j'ai l'impression que ça crée un lien, je ne sais pas, il me semble qu'ils m'écoutent mieux de cette manière, qu'ils se sentent plus concernés par ce que je leur dis. Après les remarques de mon chef, j'ai fait plus attention et j'ai essayé d'arrêter. Eh bien, mes chiffres ont baissé de manière vraiment significative ! C'était étonnant ! Est-ce que c'était parce que j'étais moins à l'aise, moins sûr de moi ? Effectivement, je sentais que je me censurais, que je n'étais plus tout à fait naturel, je me retenais d'être ce que je suis vraiment et j'étais moins convaincant. Comme on est quand même là pour vendre, le directeur a fini par me laisser faire comme je l'entendais. Après tout, personne ne s'était jamais plaint et je suis l'un des meilleurs vendeurs du magasin. » Cédric, 43 ans

Un peu de théorie

La proxémie

On doit le terme de proxémie à l'anthropologue américain Edward T. Hall. Il s'agit d'une approche étho- et ethno-méthodologique des situations de communication. Une observation éthologique des animaux révèle que les rapports de proximité entre les différents membres régulent en partie le comportement de chacun. Tout se passe comme si des sphères invisibles définissaient une bulle autour de chaque individu et que la relation entre les individus et la taille de la bulle étaient interdépendantes.

Edward T. Hall adapte cette dimension cachée aux comportements humains. Il définit quatre bulles dans lesquelles il différencie deux positions, proche et éloignée. À chaque sphère, correspond une manière de percevoir particulière : on ne voit pas une personne de la même façon quand on est à 40 centimètres ou à 2 mètres, on ne l'entend pas de la même façon, les odeurs ne sont pas perçues de la même manière non plus…

– La bulle intime : c'est celle que l'on a avec la personne qui partage sa vie et ses enfants. La position proche correspond au contact et la position éloignée peut aller jusqu'à 45 centimètres.

– La bulle personnelle : c'est celle des amis, des gens proches, elle peut atteindre 1,25 mètre.

– La bulle sociale : c'est celle qu'on adopte avec ses collègues par exemple.

– La bulle publique : celle du discours où la prise de parole est hiérarchisée. Dans ce contexte, on n'a plus guère de contacts visuels directs, l'auditeur peut se soustraire de l'influence de celui qui parle sans effet notable.

Communication et proxémie

D'une manière générale, ces distances s'établissent de façon vraiment naturelle, instinctive, en fonction des personnes avec lesquelles on se trouve : conjoint, amis proches, collaborateurs... Et les transgresser est le signe d'une volonté, consciente ou non, de changer le mode de relation avec l'autre. Il n'y a qu'à penser à une situation de séduction, par exemple : on commence dans la bulle sociale, on passe à la bulle personnelle pour aboutir finalement à celle de l'intime. Il est intéressant d'avoir conscience de ces bulles parce que c'est se donner le pouvoir de jouer avec la représentation de la relation qu'a son interlocuteur et de savoir où il se situe.

D'un point de vue professionnel, un directeur qui voudrait changer de relations avec ses employés pourrait ne plus faire que des réunions informelles, dans une salle plus petite, par exemple, ce qui lui permettrait de se rapprocher physiquement de ses collaborateurs. Ces derniers se sentiraient alors plus impliqués par ce qu'il dirait : il passerait ainsi de la bulle publique à la bulle sociale, voire personnelle avec certains d'entre eux.

Attention, il faut savoir que ces distances dépendent de beaucoup de facteurs, comme notre éducation, par exemple. La culture dans laquelle on a l'habitude d'évoluer aussi détermine notre rapport à la proxémie : l'espace entre les personnes est plus grand pour un Français que pour un Chinois par exemple, mais il est plus petit que celui d'un Américain.

Ne me touche pas !

Il semblerait, malgré ces observations avérées, que le toucher bénéficie d'un statut spécial et ce dans toutes les cultures. Théoriquement, le toucher quand on n'appartient pas à la sphère des intimes ou des amis devrait constituer une transgression, une intrusion et causer de la répulsion. On penserait plutôt qu'on n'a pas envie d'être touché par un inconnu. Mais des études ont montré qu'au contraire, c'était un catalyseur d'influence. R.-V. Joule et J.-L. Beauvois recensent un certain nombre de situations où il a été prouvé que le toucher avait une influence positive. Dans une situation commerciale, par exemple, les personnes qui ont été touchées par un vendeur trouvent plus agréable le magasin dans lequel elles se trouvent, le personnel plus compétent et elles achètent plus facilement. En général, être touché modifie la perception qu'on a de son interlocuteur, renforce la confiance en lui, permet de se sentir plus à l'aise, rend de meilleure humeur et réduit le stress*. Et, dans un contexte de requête, celle-ci est plus facilement acceptée quand la personne sollicitée a été touchée. Bien sûr, il peut y avoir des ratés, il y aura toujours des personnes méfiantes, choquées de vous sentir pénétrer une sphère plus intime. C'est pourquoi il convient de manier cette technique avec délicatesse, de bien estimer avant à qui vous avez affaire et de ne pas être trop insistant, une simple pression discrète sur le bras suffit généralement.

À RETENIR

La distance physique est signifiante

À chaque type d'interaction et selon les cultures, il y a une distance correspondante. Ces distances sont comme des bulles dans lesquelles évoluent les relations entre les personnes. On peut en distinguer quatre sortes : la bulle intime, personnelle, sociale et publique. À l'intérieur de ces bulles, il y a deux positions : proche et éloignée.

Ne pas respecter ces distances est aussi un signe

Se rapprocher de quelqu'un ou au contraire s'en éloigner brouille la perception de la relation. On peut aussi choisir délibérément de changer de mode de relation. Avoir conscience de ces distances permet d'en jouer et de maîtriser un autre paramètre de la communication. Notre rapport à la distance dépend aussi de notre culture et de notre éducation.

Le toucher échappe à cette règle

Contrairement à ce qu'on peut penser, Il a été prouvé qu'en dépit de ces distances, créer un contact physique avait de manière générale un impact positif sur la communication et favorisait la manipulation. En effet, toucher une personne, même une inconnue, met en confiance : elle sera donc plus facile à influencer si on a une demande à lui faire.

Les leçons de la PNL

« Commencez par changer en vous ce que vous voulez changer autour de vous. »

Gandhi

Témoignage

« Le jour où j'ai été nommée manager, j'ai été surprise et effrayée. La communication, ce n'est pas vraiment mon fort. J'avais trouvé un boulot génial où je ne faisais qu'exécuter les tâches qu'on me donnait. Aussi, quand on m'a annoncé ma promotion, je n'ai pas compris. Il allait falloir que je gère une équipe de trois personnes, leur donner du travail, veiller à leur épanouissement, à leur progression, à leurs motivations. Les premiers jours, j'ai évité mon équipe au maximum. Puis les difficultés se sont présentées. J'avais réfléchi à la façon dont on travaillait et il m'était apparu nécessaire de réorganiser mon service. J'ai donc envoyé un mail. Inutile de préciser qu'aussitôt ils sont venus dans mon bureau pour se plaindre. À partir de là, le travail est devenu encore moins efficace et mon chef m'a convoquée. J'ai dû me résoudre à lui exposer mon handicap. Il a ri et m'a donné un bouquin sur la PNL. Cette idée de modéliser les rapports humains m'a tout de suite séduite et cette façon d'analyser tous les aspects de la communication de façon systématique a su me parler. J'ai pris conscience que, si je savais effectivement m'exprimer, je négligeais tout ce qui faisait la communication : le contexte et surtout l'autre. J'ai aussitôt mis en œuvre les techniques proposées, à commencer par l'observation minutieuse de mon équipe : qui ils étaient, comment ils s'exprimaient, comment ils voyaient leur travail… J'ai découvert un monde que j'ai peu à peu appris à comprendre. » Caroline, 32 ans

Un peu de théorie

La PNL, qu'est-ce que c'est ?

La programmation neurolinguistique regroupe un ensemble de connaissances et de pratiques ayant pour objectif l'amélioration de la communication et la gestion du changement. On doit le développement de cette discipline au psychologue Richard Bandler et au linguiste John Grinder dans les années 1970. Inspirés par les travaux et les résultats de psychothérapeutes reconnus tels que Fritz Perls, Milton Erickson et Virginia Satir, ils vont chercher à analyser les mécanismes de la réussite des professionnels de la communication et modéliser les techniques qui permettent d'y parvenir. En effet, ces derniers emploieraient des méthodes similaires (conscientes ou inconscientes) dans leur travail qui leur permettraient d'être plus performants. Bien que controversée à l'heure actuelle (ce n'est pas une science, comme certains l'affirment), la PNL fournit néanmoins des idées et des techniques efficaces pour qui veut améliorer son influence et ses capacités. Elle permet de mieux gérer ses relations et apporte de la confiance en soi. Elle est beaucoup utilisée dans les entreprises, chez les sportifs de haut niveau, et dans d'autres métiers (où elle peut servir à améliorer ses relations avec ses supérieurs hiérarchiques, ses employés ou avec ses collègues). Elle peut aussi être d'une grande aide dans la vie quotidienne, par exemple si nous éprouvons des difficultés dans l'éducation de nos enfants. Nous allons maintenant en explorer quelques pistes.

Les positions perceptuelles et l'empathie

On a souvent tendance à n'envisager la réalité de la communication qu'à travers son propre regard, ses représentations, son expérience. La PNL propose, pour avoir une approche plus complète de la situation de communication et en saisir tous les enjeux, de faire un effort de mise

en perspective. Il s'agit d'abord de se mettre à la place de l'autre, c'est la deuxième position : comment la situation est-elle vécue par mon interlocuteur ? Que ressent-il ? Quelles sont ses représentations ?
La troisième position permet d'appréhender la situation dans sa globalité en se demandant ce qu'un œil extérieur penserait de la transaction dans son ensemble.
Considérer les trois positions perceptuelles permet d'ajuster son discours de manière plus pertinente et efficace.
Pour pouvoir réellement communiquer, il faut faire l'effort de comprendre l'autre et faire preuve d'empathie. La technique de l'écoute active est un bon moyen d'y arriver.
Elle consiste à faire parler son interlocuteur en vue de cerner ses besoins et ses sentiments. Un outil essentiel dans cette discipline : la relance. Elle ne doit en aucun cas être porteuse d'un quelconque jugement de valeur. Son seul rôle est d'aider son interlocuteur à définir ses besoins et exprimer ses difficultés. Une relance efficace visera à affiner votre compréhension en interprétant les propos en termes de sentiments. Des phrases telles que "si je comprends bien…", "ce que tu veux dire, c'est…" vous seront d'un grand secours.

Établir le contact

Un des grands principes de la PNL est aussi de créer un lien avec les autres. Il existe des personnes qu'on ne sent pas, avec lesquelles on est mal à l'aise. Il est donc difficile d'établir le contact avec elles. On ne sait pas comment agir et améliorer cette relation. Dès lors, avoir une quelconque influence sur ces personnes tient de la mission impossible. La PNL propose plusieurs pistes pour aider à créer le « rapport ».
– Il s'agit tout d'abord de respecter a priori ses croyances et ses idées. Sans jugement. Il faut faire l'effort de sortir de sa propre vision des choses et comprendre que les autres ont des opinions, des visions

différentes du monde et de son fonctionnement. Accepter leur altérité et bien se souvenir que « chacun a sa propre représentation de la réalité et qu'aucune n'est plus "vraie" qu'une autre.* ».

– La communication passe aussi par une réelle observation de l'autre : comment s'exprime votre interlocuteur, comment se tient-il, que disent de lui ses gestes. La parole est importante dans la communication mais le corps révèle beaucoup de choses, lui aussi. Partant du principe qu'« on ne peut pas ne pas communiquer* », qu'expriment ses silences ? En l'observant bien, vous pourrez mieux le cerner, le comprendre et vous adapter à lui pour mieux l'influencer.

– Pour entrer dans la bulle de votre interlocuteur, il vous sera utile de parler sa langue : utiliser ses mots, privilégier ses tournures de phrase, appréhender la réalité avec son regard.

À RETENIR

La PNL n'est pas une science

C'est une discipline basée sur l'observation et la modélisation de pratiques efficaces pour améliorer ses capacités et ses qualités relationnelles au travail et dans la vie quotidienne. Elle permet également d'avoir plus confiance en soi et aide à notre propre développement personnel en s'ouvrant sur les personnes et le monde qui nous entourent.

Les techniques de la PNL

Sans l'autre, il n'y a pas de communication, c'est pourquoi il convient de le remettre au centre de la démarche. Pour y parvenir, la PNL à établi ce qu'elle nomme les trois positions perceptuelles. La technique de l'empathie aussi est efficace et largement utilisée par les psychothérapeutes. L'écoute active et la reformulation permettent de la développer.

Optimiser sa communication

En s'interrogeant tous les aspects de la communication (les intervenants, le contexte, le langage verbal et le non-verbal…), on comprend son fonctionnement et on est à même d'ajuster son comportement. L'observation de l'autre et essayer de se mettre à sa place sont essentiels pour réussir à mieux communiquer avec lui et atteindre son objectif.

L'effet de puits

« Oui, l'horoscope fonctionne, il fonctionne bien en effet. Mais la validité de l'horoscope n'entraîne pas celle de l'astrologie… »

Georges Charpak et Henri Broch

Témoignage

« Quand j'étais plus jeune, je draguais avec une espèce de numéro de médium. Ça se passait généralement en soirée. Je repérais des filles et j'allais leur faire des révélations sur elles-mêmes. Je commençais par bien les observer dans mon coin et, si je le pouvais, j'écoutais un peu leurs conversations. Puis j'essayais de m'incruster et je lançais la conversation sur le don de médium que j'avais. Ensuite, je me choisissais une victime pour faire ma démonstration : un mélange de ce que j'avais déduit en les observant, de psychologie de base, de flatterie et de bonnes grosses généralités : "Il y a quelque chose en toi d'un peu fou que tu ne laisses pas toujours exprimer…", "Tu as l'air joyeuse comme ça, mais tu as aussi ta part d'ombre et de secrets", "Tu sais où tu vas mais tu sais écouter la petite fille qui est en toi"…

Ça fonctionnait assez bien, la fille trouvait toujours quelque chose avec quoi s'identifier (les copines corroboraient) et comme il y avait une connexion qui n'était plus à prouver entre nous, il arrivait que l'on finisse la nuit ensemble…

Bien sûr, ça ne marchait pas avec toutes et l'ambiance de la nuit y était sans doute pour beaucoup mais j'étais surpris qu'autant de filles par ailleurs intelligentes et cultivées soient prêtes à tomber

dans ce genre de baratin. Peut-être avaient-elles juste envie que l'on s'intéresse à elles, qui qu'on soit, médium ou pas. Peut-être me manipulaient-elles aussi pour obtenir mes faveurs ? Va savoir... »
Mathieu, 32 ans

Un peu de théorie

L'effet de puits

Cette méthode est utilisée par tous les diseurs de bonne aventure, les voyants, les médiums : il s'agit de faire une description ou des prédictions suffisamment générales et vagues de la personne pour qu'elle puisse s'y retrouver, se reconnaître, s'identifier ou trouver des similitudes avec elle-même. L'effet de puits est aussi appelé effet Barnum du nom d'un entrepreneur de spectacles américain du XIXe siècle, Phineas Taylor Barnum, qui possédait un grand don de manipulateur. Le secret du succès de ses spectacles : un peu de tout pour pouvoir distraire tout le monde et ainsi satisfaire le plus grand nombre.

En voici quelques généralités : les mots employés doivent être suffisamment vagues pour qu'ils puissent parler à chacun. Ils peuvent ainsi être interprétés comme bon nous semble. Prenez les termes « aspirations » et « problèmes » par exemple. Chacun peut y mettre derrière ce qu'il veut en fonction de ce qui lui arrive à ce moment-là dans sa vie : les difficultés qu'il rencontre, un nouveau boulot, l'âme sœur qu'il aimerait rencontrer, une nouvelle voiture à acheter ; un découvert, un divorce, un rhume... Pour que la description fonctionne, il faut rester dans ce domaine et s'assurer que chacun pourra donner sens à la prédiction. C'est l'expérience personnelle de chacun qui nourrit la prédiction. C'est pour cela qu'on peut affirmer que l'horoscope fonctionne ; il fonctionne même tellement bien qu'on peut se retrouver dans tous les signes, vous pouvez faire l'expérience.

Tout et son contraire

Pour être sûr de ne pas se tromper, il suffit d'assurer ses arrières. Ainsi, on ne risque pas d'être pris au piège et d'être contredit. Pour cela, il faut réussir à prédire ou décrire une chose et son contraire, tout en restant évasif : « Vous êtes généralement prudent mais vous savez aussi faire preuve d'initiative et de spontanéité quand il le faut » ; « Si vous êtes à la recherche d'un emploi, vous verrez bientôt vos efforts récompensés, si ce n'est pas le cas, ce sera l'occasion d'une remise en question constructive. » Chacun peut, en réfléchissant bien, en faisant preuve d'introspection, s'approprier ces affirmations et les mettre en relation avec sa propre existence et les événements qui la jalonnent. On est ainsi persuadé que cela s'adresse vraiment à nous, et nous seuls.

Ne pas hésiter également à ajouter un soupçon de flatterie et de psychologie. Ne pas oublier bien sûr de brosser dans le sens du poil, sans trop prendre de risques cependant, en mentionnant des qualités que tout le monde voudrait ou croit avoir à son actif : « Vous avez un tempérament artistique mais n'avez pas l'occasion de l'exprimer », « Vous n'avez pas peur de penser par vous-même et êtes prêt à défendre vos idées. » On est ainsi tellement flatté, tellement heureux qu'on s'intéresse à nous de la sorte, qu'on est prêt à écouter et croire tout ce qu'on nous révèle. On a l'impression que quelqu'un nous comprend enfin, décèle en nous des choses que personne (amis ou famille) ne perçoit.

Et dans la vraie vie ?

Vous vous dites sans doute qu'à moins de vouloir vous lancer dans la voyance, maîtriser cette rhétorique ne vous sera pas très utile dans la vie de tous les jours. Détrompez-vous ! C'est une très bonne manière de se mettre les gens dans la poche, de capter leur attention, d'acquérir leur confiance ou de fidéliser une clientèle si vous en avez besoin dans votre travail. Bien sûr nous ne saurions que trop vous recommander de ne pas fonder vos relations amicales ni amoureuses sur une approche de ce type, ce ne serait pas très honnête et risquerait de ne pas aller très loin. De plus, si votre stratagème est découvert, vos relations risqueraient d'en subir les conséquences. Mais, avec des personnes moins proches ou dans le domaine professionnel, vous pouvez y avoir recours. Pour obtenir des faveurs de quelqu'un ou entrer dans les bonnes grâces d'une autre, c'est tout à fait jouable. C'est également une technique d'approche ou de drague tout à fait prouvée et on n'a pas trouvé mieux pour bien se faire voir d'une collègue revêche ou d'un beau-frère en mal de reconnaissance (« Vous n'êtes pas du genre à vous laisser manipuler, je me trompe ? »). Par cette technique, il vous sera facile de vous trouver des points communs avec quelqu'un et de se rapprocher de lui : « Parfois, j'ai l'impression que je fais tout de travers, pas vous ? » C'est aussi une arme de choix si vous voulez vous lancer dans la politique, parce que la langue de bois, ce n'est pas autre chose, après tout.

À RETENIR

Utiliser des mots vagues

C'est un outil utilisé par ceux qui prétendent prédire l'avenir ou décrire le caractère en se fondant sur des théories divinatoires (cartomancie, astrologie, numérologie, etc.). Il s'agit de parler de choses très générales. C'est la garantie de taper dans le mille. Le sens n'est pas dans la prédiction elle-même mais dans ce que va y mettre le destinataire.

Flatter son interlocuteur

Il faut que tout ce que vous disiez puisse être vrai : « Vous êtes rêveur mais vous savez avoir les pieds sur terre quand il le faut. » Vous dites ainsi une chose et son contraire et vous ne risquez pas de vous tromper. La personne peut vraiment croire qu'il s'agit d'elle. Vous pouvez aussi la flatter et faire appel à quelques notions de base de psychologie.

À quoi ça sert ?

Pas la peine d'être voyant, cette technique peut s'utiliser pour d'autres occasions. Par exemple, pour mettre les gens en confiance en leur donnant l'illusion qu'ils sont compris, qu'on s'intéresse à eux. C'est une bonne technique d'approche pour séduire. En revanche, ne l'utilisez pas pour vous faire de nouveaux amis ou commencer une histoire d'amour.

Le jeu de la séduction

« La séduction a toujours été une histoire de manipulation. »

François Raux

Témoignage

« Nous recherchions un appartement depuis des mois et nous commencions à désespérer. Un jour, une annonce parlait d'un duplex atypique baigné de lumière. Pour la visite, j'étais seul. C'était une merveille. La personne qui me fait visiter m'apprend alors que l'appartement appartient à son fils qui vit au Canada et qu'elle se charge des visites pour lui. Je tente alors de trouver des points d'accroches :

– Comment faites-vous pour trier les dossiers et les envoyer à votre fils ?

– Je scanne tous les dossiers et les envoie par mail.

– Quel travail de titan ! Écoutez, faisons plus simple, donnez-moi l'adresse mail de votre fils, et je lui envoie le dossier, pour vous éviter cette corvée.

Elle se détend et je lui demande ce qu'elle fait dans la vie. Elle écrit des romans photographiques et le dernier parle de l'Espagne.

J'essaye de l'amener sur un terrain où je suis à l'aise, les pays d'Amérique du Sud, l'histoire millénaire du Mexique… elle accroche.

– Vous connaissez le Mexique ?

Bingo, nous avions justement été au Mexique cette année-là :

– Nous l'avons parcouru l'année dernière… C'est fantastique !

– Oui, moi aussi, j'ai adoré le Mexique.

Je lui conseille un livre sur la chute de l'empire maya, elle est sous le charme et me conseille :

– Vous pouvez envoyer votre mail à mon fils aujourd'hui, avant que je ne lui envoie les autres dossiers, comme ça, vous serez le premier !

Résultat, nous avons eu l'appartement et j'ai offert le livre sur les Mayas à la mère de notre proprio ! » Michel, 29 ans

Un peu de théorie

Être d'accord

Le principe de séduction est bien entendu à la base de la manipulation, mais les techniques de séduction à proprement parler, celles auxquelles on a naturellement recours dans les approches amoureuses peuvent également être mises à profit pour atteindre d'autres objectifs. Pas besoin de vouloir épouser la personne pour avoir recours à ces méthodes : elles vous serviront aussi dans la recherche d'un appartement, d'un travail, d'une nourrice… La première technique de séduction consiste à acquiescer aux propos de votre interlocuteur, à montrer votre accord complet. N'attendez pas qu'il vous demande votre avis, hochez ostensiblement la tête et n'hésitez pas à l'interrompre s'il ne remarque pas vos mimiques : « C'est justement ce que je me disais ce matin… », « mais oui ! », « comme je vous comprends ! ». Si vous voyez où il veut en venir, finissez sa phrase (attention ne le faites qu'une fois, cela peut être agaçant). Vous pouvez aussi enregistrer soigneusement ce qu'il vous dit et lui répéter plus loin dans la conversation. Imaginons que vous soyez désespérément à la recherche d'une nourrice (vous savez malheureusement que la conjoncture fait que c'est à elle de vous choisir et pas le contraire). Vous rencontrez une candidate potentielle : faites-la parler de son métier, de sa journée type, de ce qu'elle fait avec les enfants, de ce qui compte pour elle, etc., puis reprenez tout à votre compte au moment de décrire ce que vous cherchez.

Se trouver des points communs

Soyez à l'affût de ce que dit votre interlocuteur et saisissez ses perches. Le logement que vous visitez est actuellement occupé par son propriétaire, c'est du pain bénit pour vous. Il ne tiendra qu'à vous d'affirmer que vous avez les mêmes rideaux, que vous adorez la musique qui passe et que justement vous vous apprêtiez à lire le roman ouvert sur la table. Autre exemple : lors d'un entretien d'embauche, vous remarquez une tasse de thé sur le bureau de la personne qui vous reçoit. S'il vient à vous proposer un café, essayez : « Je préférerais un thé, si cela ne vous ennuie pas. »

Il faut, pour être capable de réaliser de telles performances, avoir un grand sens de l'observation : écouter tout ce que dit votre interlocuteur certes, mais aussi interpréter ses gestes, son environnement. Si un recruteur vous accueille dans son bureau, jetez un œil attentif à son espace de travail : y a-t-il des photos d'enfants ? Des coupes de sport ? Vous pourrez, quand vous le jugerez opportun, orienter la discussion sur ces sujets.

Si c'est possible, essayez de vous renseigner avant sur la personnalité et les goûts de la personne à laquelle vous avez affaire. Dans le cas d'un travail, faites fonctionner vos réseaux sociaux. Prenez contact avec un employé de l'entreprise que vous convoitez et renseignez-vous sur les attentes du recruteur, ce qu'il apprécie chez un collaborateur, ce qui l'énerve, ce qui est rédhibitoire, autant de renseignements qu'on ne trouve pas sur une fiche de poste.

La flatterie

Vous pouvez également utiliser la technique de la flatterie : apprenez à complimenter votre interlocuteur, mais faites-le discrètement, de façon pertinente, en rapport direct avec votre situation de communication ou avec la transaction qui vous intéresse. S'il s'agit d'un entretien d'embauche pour un travail et que vous avez été reçu à l'heure par le recruteur, ne manquez surtout pas de souligner combien c'est agréable et rare. Si vous visitez un logement, faites remarquer au propriétaire des lieux comme son appartement est bien entretenu, bien décoré et rénové avec goût. La personne que vous sollicitez vous sera reconnaissante de vous rendre compte de ses efforts, cela titillera son réflexe de réciprocité. Elle pensera que vous vous ressemblez, que vous avez des points communs. Elle sentira une certaine proximité avec vous et accédera plus facilement à votre requête. Elle aura envie de vous faire plaisir en retour.

Il faut cependant être très prudent quand on a recours à cette technique. En effet, elle n'est pas indiquée dans tous les contextes et requiert un minimum de subtilité. Dans tous les cas, il convient de doser minutieusement ses interventions. N'exagérez pas trop car vous risquez d'être découvert et d'agacer votre auditeur. Essayez de bien observer et d'interpréter ses réactions. Vous devriez assez rapidement vous rendre compte de sa façon de recevoir vos compliments et de mesurer l'efficacité ou non de votre démarche.

À RETENIR

Créer une connivence pour séduire

La séduction peut servir dans différentes circonstances, et pas seulement dans la vie amoureuse. Pour séduire quelqu'un, soyez d'accord avec ce qu'il vous dit. Vous pouvez aussi finir ses phrases quand vous êtes sûr de ce qu'il veut exprimer ou réutiliser des informations qu'il vous a révélées. Dans cette entreprise, votre sens de l'écoute sera capital.

Affiner son sens de l'observation

Observez votre interlocuteur, le milieu où il évolue, les objets qui sont posés sur son bureau, comment est décoré son appartement, et à partir de cela, trouvez-vous des points communs avec lui et faites-lui partager subtilement. Pour cela, il vous faut développer votre sens de l'observation. Vous pouvez aussi vous renseigner sur lui avant de le rencontrer.

Bien choisir ses compliments

Ils doivent être en rapport avec le contexte de votre requête. N'allez pas complimenter votre employeur potentiel sur son parfum. Soyez attentif aux réactions de votre interlocuteur et apprenez à calibrer votre propos, restez subtil et arrêtez-vous avant d'en faire trop. La personne doit être séduite certes mais il ne s'agit pas de la mettre dans votre lit !

Parler à un homme

« L'homme est né pour l'action, comme le feu tend en haut et la pierre en bas.

Voltaire

Témoignage

« Je dirige une équipe de cinq personnes, tous des hommes et j'ai un mal fou à me faire obéir. Quand je demande à l'un s'il peut me donner des chiffres sur un dossier, soit il m'ignore, soit il grogne, soit il le prend mal. Quand j'émets des critiques sur un travail, du coup, je prends des pincettes, je dis "c'est bien, mais...". Eh bien, j'ai l'impression qu'ils ne retiennent que le "c'est bien" et que le "mais" passe à la trappe. L'autre jour, j'ai dit : "Je ne suis pas sûre qu'il faille présenter le dossier comme ça" et j'ai expliqué ce que je voulais en m'attendant à ce qu'il me revienne amélioré. Il n'est jamais revenu. Quand j'ai demandé des explications, on m'a rétorqué que je n'étais pas sûre alors qu'ils attendaient que je me décide ! Je me suis confiée à mon mari qui m'a dit que j'étais trop gentille, qu'il suffisait que je donne des directives sans y mettre particulièrement de formes. C'était justement ce que je voulais éviter : être trop autoritaire. Il m'a rassurée en me disant que tant que je n'abusais pas de mon autorité, personne ne me reprocherait de faire mon boulot. Je suis revenue travailler. J'ai rendu un dossier incomplet au premier que j'ai vu et je lui ai simplement dit : "Refaites-moi tout ce qui est annoté, si vous ne comprenez pas, je suis dans mon bureau". Le boulot a été fait correctement. Maintenant je suis plus directe dans le travail et ça fonctionne plutôt bien. Ça ne m'empêche pas de bien m'entendre avec mes collègues, par ailleurs. » Marina, 35 ans

Un peu de théorie

Mars et Vénus

Les théories que l'on connaît selon lesquelles les femmes seraient par nature plus dans l'affect et les hommes plutôt dans l'action sont assez réductrices. Elles nous enferment dans des idées reçues et interdisent toute évolution. Les prendre pour argent comptant est donc assez dangereux. Néanmoins, on peut admettre que des siècles de domination masculine ont conditionné notre vision du monde, la façon dont nous nous exprimons et nous comportons et qu'il est utile d'en avoir conscience pour s'adapter et communiquer de façon plus efficace.

L'humilité, par exemple, est une valeur essentiellement féminine. Chez les hommes, quand on est fier de son travail, on le dit. Et tant pis pour vous si vous ne faites pas valoir vos droits à la reconnaissance. N'attendez pas qu'on remarque vos efforts même si vous croyez qu'ils le méritent. Communiquez. Dites-vous que vous le faites dans un souci d'information. Si vous pensez que vous faites tout à la maison sans que personne ne s'en rende jamais compte, tandis qu'on félicite votre mari qui fait la cuisine une fois par an, ne rongez pas votre frein sans rien faire. Énumérez-lui chaque jour tout ce que vous avez fait pour la communauté par le menu, sans cela il risque de ne pas s'en rendre compte.

Se demander pourquoi le message ne passe pas quand on s'exprime de telle ou telle façon et savoir interpréter les propos de son interlocuteur à travers ce filtre peut être une piste pour mieux se comprendre.

Action versus affect

On peut remarquer certaines singularités dans le comportement des hommes, en particulier au travail où les relations sont le plus souvent hiérarchisées : ils parlent pour agir. Ils donnent et reçoivent des ordres. Tout cela est très simple et direct. Y mettre les formes, comme le font la plupart des femmes est susceptible de brouiller le message pour eux. Quel est l'intérêt d'ajouter des mots s'ils ne sont pas signifiants ? Par exemple, prenez la phrase : « Tu pourrais faire telle chose ? » Le conditionnel présent introduit une nuance d'incertitude (« éventuellement ») et la nécessité de l'action ne paraît plus si évidente que ça. Il y a donc déjà un malentendu dans les deux parties. Si on la prend littéralement, cette demande ne fait que questionner sur les capacités de quelqu'un à exécuter une tâche, mais si la réponse est affirmative, on peut se demander si ce n'est pas un reproche déguisé (on peut comprendre : « Si tu as la capacité de le faire, pourquoi ne le fais-tu pas ? »). Une phrase somme toute anodine pour une femme telle que « ça t'ennuierait de passer chez le teinturier ? » peut dégénérer en règlement de compte si elle est mal comprise. Attention donc à la mauvaise interprétation que l'on fait parfois de certaines demandes. Si vous rechignez à employer l'impératif, utilisez des tournures du type « je voudrais que » ou « j'aimerais que » qui, bien que moins directes, ne laissent pas de doute quant à vos intentions.

La critique et le refus

Comme quand vous donnez des directives, si vous devez émettre une critique envers quelqu'un, faites-le franchement sans passer par des chemins détournés. Pour vous, c'est une manière de ne pas être agressive, d'être gentille, respectueuse et de ne pas abuser de votre situation de supériorité. Mais lui ne retiendra que ce qui l'arrange sans faire d'effort d'interprétation. N'ayez pas peur d'utiliser des mots forts et sans ambiguïté pour bien vous faire comprendre : si vous pensez qu'une réalisation masculine est « nulle », dites-le. Ce mot est clair, efficace et, même s'il n'est pas vraiment agréable à entendre sur le moment, vous pourrez être pratiquement sûre que votre interlocuteur ne le prendra pas personnellement, qu'il l'entendra et qu'il fera bien son travail par la suite. Clarifiez votre discours en matière de refus. Apprenez à dire « non » sans modérer votre propos sinon vous risquez de laisser entendre que votre refus n'est pas définitif. Vous en avez sans doute déjà fait l'expérience lors de tentatives de séduction infructueuses, nul ne sert de louvoyer et de trouver des excuses, rien n'est plus efficace qu'un « non » franc et sans appel.

Le trait est bien entendu outré ici pour mieux mettre en valeur notre propos. Il n'y a évidemment pas une façon de parler spécifique aux femmes et aux hommes mais des tendances. Ces tendances sont en grande partie culturelles, mais elles tendent à disparaître à mesure que la société évolue.

À RETENIR

Attention aux généralisations !

Les hommes et les femmes ne fonctionnent pas tous de la même façon, fort heureusement. Malgré leurs différences, ils doivent essayer de trouver un terrain d'entente pour communiquer ensemble. Mais il ne faut pas non plus les cantonner dans des rôles trop définis. Servez-vous de ces conseils comme piste de réflexion pas comme guide de communication.

N'attendez pas qu'un homme reconnaisse vos mérites

Mesdames, commencez par mettre au placard votre modestie, et prenez exemple sur vos congénères masculins : revendiquez ce que vous croyez mériter. Sans cela, vous n'obtiendrez rien. Si vous ne parlez pas de ce que vous accomplissez, personne ne se rendra compte de votre travail et vous n'aurez aucune reconnaissance. Vous serez donc frustrée.

Épurez votre message

Oubliez donc la modalisation, les adverbes et les questions. Ne doutez plus, n'essayez pas d'être sympathique, allez plutôt à l'essentiel et assumez-vous. Vous voulez qu'on fasse quelque chose, dites-le clairement. Vous n'êtes pas d'accord, vous êtes mécontente, exprimez-vous. Ne laissez aucune place à l'incertitude ou à l'ambiguïté dans votre message.

Parler à une femme

« Les femmes sont plus difficiles à manipuler que les hommes. C'est dans leur esprit. »

Peter Sellers

Témoignage

« J'ai été élevé dans un milieu masculin. Ma mère est décédée quand j'étais petit et mon père ne s'est jamais remarié. Mon père bossait beaucoup et la vie de famille se réduisait au strict nécessaire. Ma grand-mère me raconte maintenant qu'il nous arrivait de communiquer par grognements ! C'est vrai qu'à l'école, je n'avais pas de copines, elles ne faisaient pas partie de mon univers.

Ce n'est qu'à la fac que j'ai commencé à m'intéresser aux filles et que j'ai rencontré Manon. Ça a été tout de suite le coup de foudre. C'était fusionnel. Et puis, on a décidé de vivre ensemble. Et là, les choses se sont gâtées. On était vraiment tout le temps ensemble, on avait à gérer les trucs du quotidien et on a commencé à se disputer. On s'engueulait pendant des heures. On a fini par se séparer. Je suis resté pas mal de temps tout seul, j'en ai profité pour me faire des copines. Pas des petites copines, juste des amies. Je crois que j'ai compris beaucoup de choses à leur contact, notamment qu'avec Manon, notre plus gros problème, c'était la communication. Je crois que le fait d'avoir grandi dans un milieu essentiellement masculin n'y est pas étranger. Je sors avec Julie maintenant et ça se passe beaucoup mieux. Bien sûr, il nous arrive de nous disputer mais j'arrive à faire la différence entre une dispute causée par un réel différend et une dispute motivée par l'incompréhension. Je fais attention à ce que je dis et comment je le dis, je n'ai pas envie de tout gâcher encore une fois. » Jonathan, 24 ans

Un peu de théorie

Des deux hémisphères

La théorie selon laquelle les deux hémisphères du cerveau seraient chacun dédié à des fonctions précises, le gauche au raisonnement, le droit aux sentiments, et que les femmes mobiliseraient les deux là où les hommes n'utiliseraient que le gauche est certainement un peu simpliste et de plus en plus remise en question. Cependant, elle a tendance à refléter une réalité observable, en partie liée à notre héritage éducatif : les hommes ont tendance à bien séparer l'action de l'affect d'où des comportements jugés trop directs, voire brutaux, par leurs congénères féminines.

Affûter votre compréhension et travailler votre expression vous aidera à optimiser votre communication et éviter les malentendus.

Une première différence réside dans la fonction de la parole : chez un homme, elle est surtout performative, elle « fait » quelque chose. On parle à quelqu'un parce qu'on sollicite quelque chose de lui ou le contraire. Pour une femme, le langage n'est pas seulement cela. Un bon exemple est la verbalisation de la difficulté : une femme devant un problème aura tendance à s'exprimer, à vouloir communiquer pour évacuer le stress, mettre ses idées en place... Pour un homme peu attentif, c'est un appel à l'aide : on parle pour obtenir quelque chose de quelqu'un, dans ce cas, un coup de main. Proposer une solution n'est pas une réponse appropriée : ce peut être vu comme un moyen de lui couper l'herbe sous le pied, de lui dire qu'elle n'est pas capable.

Le besoin de reconnaissance

On éduque traditionnellement les petites filles dans des valeurs de discrétion et d'humilité : ne pas faire de vague, faire ce qu'on a à faire sans se vanter, ne pas chercher la reconnaissance… On observe même une tendance au dénigrement : « Mais, non, c'est trois fois rien », « J'aurais voulu faire mieux… », « Ne faites pas attention, c'est le bazar »… Chez l'homme, chez qui il n'y a aucun mal à se montrer satisfait de soi-même, on ne peut espérer de reconnaissance sans auto-promotion. D'où des malentendus : ils ne remarquent pas les mérites des femmes, quant à elles, elles les trouvent égocentriques et vantards. Souvenez-vous que si la femme ne cherche pas la reconnaissance, elle en a néanmoins besoin et s'attend à ce que l'on prête attention à ses efforts et ses succès (comme elle le fait elle-même avec les autres).

Pour être entendues et reconnues, elles peuvent avoir recours aux figures de rhétorique qu'elles ont à leur disposition, hyperbole comprise. Les hommes reprochent donc souvent aux femmes d'exagérer. Sachez lire entre les lignes et ne prenez pas tout au sens littéral ! « J'ai passé la journée à courir » ne veut souvent dire que « je suis fatiguée » et « ce qu'elle peut être désagréable ! », « je ne l'aime pas ».

Bien sûr, ces observations n'ont pas vocation à refléter fidèlement la réalité mais plutôt des tendances. Les différences culturelles tendent à s'atténuer mais les habitudes et les pratiques éducatives se perpétuent naturellement avec les générations.

La politesse

Pour une femme, il est impératif de préserver l'autre en ne lui imposant ni son point de vue ni sa volonté. Même dans des positions d'autorité incontestables, il est très rare de voir une femme employer l'impératif. « Rappelez M. X », « Fais une lessive » sont des phrases que vous n'entendrez pas d'une femme qui préférera des tournures du type :

« Ça vous ennuierait de rappeler M. X ? », « Tu pourrais faire une lessive ? » Ne vous méprenez pas, il s'agit quand même d'une directive et ces tournures ne sont que formelles, elles n'ont pas pour objet de vous questionner sur votre capacité à accomplir l'action en question ni de vous faire un reproche (« Bien sûr que je peux, qu'est-ce que tu sous-entends par là ? »). De la même manière, une femme aura des scrupules à exprimer son refus d'une manière trop directe. « Je ne suis pas convaincue », « je ne suis pas sûre » sont des manières polies de dire non, pas des invitations à insister.

Pour mieux vous faire comprendre du public féminin, apprenez à manipuler sa syntaxe.

– Bannissez à tout jamais l'impératif et le mot « non » de vos propos. Vous serez beaucoup plus efficace en y mettant les formes.

– Apprenez à conjuguer le verbe pouvoir et le conditionnel.

– Usez et abusez de tournures interro-négatives : plutôt que « c'est comme ça qu'il faut faire », « tu ne penses pas que si on faisait comme ça, ça marcherait ? »

– Découvrez l'art de la mesure et les locutions adverbiales : un peu, pas vraiment…

À RETENIR

Paroles, paroles

Sans tomber dans des généralités, on peut tout de même admettre certaines différences entre l'homme et la femme. Notamment dans l'utilisation du langage. Pour l'homme, parler signifie « action ». On parle pour faire quelque chose. La femme, quant à elle, se sert de la parole pour exprimer des sentiments, évacuer un stress… Elle est plus dans l'affect.

Le vrai sens des mots

La femme est traditionnellement élevée dans des valeurs de discrétion et de respect de l'autre, son discours en aura donc la marque. Elle ne cherchera pas à se mettre en avant mais elle attendra tout de même que les autres s'aperçoivent de ses efforts. Sachez interpréter ses métaphores et ses circonvolutions pour n'en retirer que le message.

Un peu de grammaire

Une femme n'emploiera pas l'impératif pour formuler un ordre. Elle y mettra les formes par politesse et pour ne rien imposer à l'autre. De même, elle ne refusera pas catégoriquement une offre ou une demande. Pour bien vous faire comprendre d'une femme et ne pas paraître autoritaire ou rustre, soyez attentif à ne pas être trop direct avec elle.

Le leurre et l'amorçage

« Qui veut vendre un cheval aveugle en vante les pattes. »

Proverbe allemand

Témoignage

« Il fallait que j'organise la fête annuelle de ma boîte. C'était pour mon patron une façon de me mettre à l'épreuve, et il promettait de me donner plus de responsabilités si j'arrivais à organiser une belle fête corporate avec tous les employés. Ce qu'il s'était gardé de me dire, c'est que la salle qu'il avait louée était à 50 km de Paris et que la fête se déroulerait un samedi soir. J'étais presque sûr d'y aller tout seul.

Dans l'angoisse, j'ai dû inventer un gros bobard. J'ai promis qu'il y aurait un célèbre chanteur et qu'il avait accepté de nous faire un petit set pendant l'apéritif. Seulement, les chanteurs, comme les employés, n'ont pas envie de se déplacer en pleine campagne un samedi soir. Grâce à cette promesse, j'ai réussi à convaincre tout le monde de venir. À côté, j'ai quand même fait en sorte d'organiser une belle fête : super buffet, open bar, DJ…

Le samedi soir en question, j'avais une boule dans le ventre. Quand tout le monde a été arrivé, j'ai dû annoncer que notre star avait décommandé au dernier moment. Mais, comme tout le monde avait fait l'effort de venir, cela ne valait pas le coup de repartir. D'autant que le buffet qui dépassait toutes mes espérances leur tendait les bras. La mayonnaise a commencé à prendre, les langues se sont déliées. Une fois que le buffet a été englouti, la plupart sont restés pour discuter et danser. Finalement, tout le monde s'est bien amusé et personne n'a jamais soupçonné que j'avais inventé cette histoire de chanteur. » Léo, 25 ans

Un peu de théorie

L'amorçage

Aussi appelée vente à la postiche, cette technique frauduleuse s'appuie sur le principe de l'amorçage. Il s'agit d'amener la personne à prendre une décision en ne lui montrant qu'une partie du tableau, les points négatifs étant omis. Ce qu'on lui tait étant bien sûr susceptible de la dissuader. Elle n'apprend la vérité qu'une fois la décision prise, alors qu'il est déjà trop tard. C'est, par exemple, demander à quelqu'un de venir vous aider à porter deux trois cartons pour votre déménagement sans lui préciser que vous habitez en fait au 5e étage sans ascenseur et que vous ne serez que tous les deux. La cible de cette arnaque est principalement les personnes âgées. Le téléphone sonne en général en semaine le matin ou au milieu de l'après-midi et la personne qui répond se voit offrir un magnifique service en porcelaine de « premier choix ». Elle est invitée à venir la récupérer dans un lieu où on lui présentera, ainsi qu'à d'autres personnes sélectionnées « pour leur goût sûr », d'autres articles d'une rare finesse. Là-bas, après un discours édifiant sur la mort de l'industrie de la porcelaine, toutes ces personnes apprendront, qu'elles ont bien gagné un magnifique service complet, à condition bien sûr qu'elles acceptent de faire graver leurs initiales dessus. Ce dernier service étant bien sûr payant. Heureusement, tout le monde ne se fait pas avoir, mais l'opération est très efficace.

Le leurre

L'amorçage et le leurre sont des techniques assez similaires dans leur esprit. Le leurre consiste à faire miroiter à une personne un avantage

fictif qui disparaît une fois que le poisson a mordu à l'hameçon. On l'amène donc à prendre librement une décision attrayante pour elle. À ce moment-là, on propose une solution de remplacement qui ne présente pas les mêmes avantages mais qui a toutes les chances d'être adoptée en vertu de la théorie de l'engagement. Par exemple, si vous décidez d'organiser une soirée, vous allez faire croire aux invités qu'un concert aura lieu. Une fois les convives arrivés, vous leur annoncerez que l'artiste s'est décommandé et qu'à la place vous avez préparé un bon buffet. Étant déjà sur place, vos invités n'oseront pas repartir. Imaginons aussi que vous mouriez d'envie de voir le dernier James Bond mais que votre petit(e) ami(e) ne partage pas vos goûts. Vous pouvez lui proposer d'aller voir un film qui lui plaît et de tout organiser. Vérifiez bien que le film en question ne passe pas aux mêmes horaires que le vôtre et donnez-lui rendez-vous devant le cinéma pour la séance du James Bond. Vous pourrez constater ensemble que vous vous êtes trompé de cinéma ou de séance. Dès lors, pour ne pas avoir fait le déplacement pour rien, vous pourrez suggérer d'aller voir l'autre film.
Cependant, il peut y avoir des problèmes : si la personne manipulée n'y gagne rien, le procédé ne pourra fonctionner qu'une fois et vos relations risquent d'en pâtir.

Pour quoi faire

La technique de l'amorçage est couramment utilisée dans l'établissement de contrats : vous convenez d'un prix pour une tâche donnée et une fois l'accord entendu, vous augmentez la tâche de manière discrète : « Je vous confirme notre commande de 14 sondages de 10 questions chacun, pour le prix que vous nous avez proposé. Merci de prévoir deux questions supplémentaires par sondage, ainsi en cas de problème, nous pourrons être plus réactifs. » Elle est en général utilisé dans des opérations de manipulation purement égocentrique : a priori, si vous avez pris la peine de dissimuler une partie du tableau, c'est que la personne manipulée n'a aucune raison d'y trouver son intérêt. Mais on peut aussi y avoir recours pour aider à surmonter des blocages, des peurs ou des a priori. Par exemple, si votre enfant prétend qu'il déteste le basilic alors que vous êtes à peu près sûr qu'il n'en a jamais goûté, confectionnez-lui un plat où cet aliment sera invisible bien que présent. Vous lui révélerez l'astuce une fois qu'il aura tout mangé.

Faites attention tout de même, l'amorçage est une technique de manipulation qui, bien qu'efficace, ne passe pas inaperçue. Certes, votre ami va vous aider à déménager mais ce n'est pas sûr que vous obtiendrez son aide la prochaine fois que vous le solliciterez. Votre enfant va peut-être vous remercier de lui avoir fait découvrir le basilic mais il n'est pas exclu qu'il le prenne mal et vous soupçonne de vouloir le piéger à chaque repas.

À RETENIR

Cacher une partie de la vérité

La technique de l'amorçage ne montre que la partie acceptable de la décision à prendre ou de l'action à effectuer. Cette partie va servir de tremplin pour le reste. Une fois engagée sur le tremplin, la personne aura l'impression qu'elle n'a guère d'autre choix que de sauter. Cette méthode est surtout utilisée pour manipuler les personnes âgées.

Un avantage fictif

Le leurre, quant à lui, sert, pour reprendre la métaphore, à appâter le poisson. On met en avant un attrait séduisant pour convaincre une personne de faire telle ou telle chose. Une fois qu'elle a accepté, l'avantage disparaît. Elle se retrouve piégée selon la théorie de l'engagement. Attention de ne pas trop abuser de ce procédé avec vos proches.

Pourquoi utiliser ces techniques ?

Ces techniques reposent sur le mensonge et l'égocentrisme. Elles sont utiles avant tout pour nous-même. C'est pourquoi elles risquent plus d'être découvertes et dénoncées comme telles. Elles peuvent aussi servir des intérêts plus nobles : on peut les utiliser pour aider à surmonter des blocages ou balayer des a priori mais les résultats ne sont pas garantis.

Le pied dans la mémoire

« Les influences qu'on n'arrive pas à discerner sont les plus puissantes. »

Gustav Meyrink

Témoignage

« Je suis allée voir un nutritionniste, j'en avais assez de me traîner 10 kg de trop. Je ne voulais pas un régime à la mode, je voulais maigrir durablement sans me priver, quitte à y passer des mois. Le nutritionniste a commencé par me donner les règles d'une bonne hygiène de vie : manger de tout, raisonnablement, ne pas grignoter, éviter le sucre, l'alcool et les matières grasses. Il m'a engagée à faire l'acquisition d'un petit carnet pour y noter ce que je consommais, à commencer par tout ce que j'avais mangé et bu durant le dernier week-end.

Dès mon retour à la maison, j'ai commencé à tout noter. J'étais effarée : tout ce qu'il ne fallait pas faire, je l'avais fait : j'avais mangé des croissants avec de la confiture, tapé dans la baguette toute la journée, repris du fromage à midi, mangé des épinards, certes, mais auxquels j'avais ajouté du sel et du beurre et bien sûr pris un apéro copieux le samedi soir. Cette discipline : tout noter, m'a bien aidée à me rendre compte de mes mauvaises habitudes et à me contrôler (j'avais trop honte d'écrire : deux bières, un paquet de pistaches, un steak, et puis prétendre que je faisais un régime à côté).

Quand je suis retournée voir le médecin un mois après, il m'a d'abord fait monter sur la balance : j'avais perdu 2,5 kg ! C'était inespéré. Il n'a pas regardé mon carnet, mais m'a conseillé de continuer à tout noter. Aujourd'hui, j'ai perdu 6 kg et j'ai toujours mon petit carnet avec moi ! » Hélène, 39 ans

Un peu de théorie

Pourquoi ça marche ?

Cette technique baptisée ainsi par R.-V. Joule et J.-L. Beauvois est utilisée avec succès dans les opérations de prévention ou de sensibilisation. Elle s'appuie sur le fait que même si tout le monde est plein de bonne volonté pour faire le bien (traverser dans les clous, respecter les limites de vitesse, trier ses déchets...), l'habitude, les préoccupations du quotidien et la mauvaise foi ont souvent raison des meilleures volontés.

Le principe est simple, mais présuppose que la personne adhère aux valeurs que l'on défend. Ceci posé, il s'agit sans aucune pression d'aucune part, de l'amener à confronter ses souvenirs récents et cet engagement. On demande par exemple à des titulaires du permis de conduire (ils se sont engagés à respecter le code de la route) de se remémorer leur trajet quotidien en se concentrant sur leur attitude face à un phénomène particulier (limitation de vitesse, etc.). En faisant cet effort, ils rétablissent le lien entre le code de la route et leur réalité de conducteur. Ils se rendent sans doute compte de leur manque de sérieux. Par la suite, en empruntant ce chemin, ils ne pourront s'empêcher d'y repenser. Cette méthode confronte la personne avec ses actes. Elle n'est pas jugée, ni blâmée, sinon par elle-même. C'est comme un flagrant délit d'incohérence. On s'engage à faire quelque chose, on soutient une idée, et puis, rétrospectivement, on s'aperçoit qu'on donne le mauvais exemple. Par conséquent, on devient plus vigilant pour préserver cette cohérence.

Pour un bon pied dans la mémoire

Il faut d'abord comme pour le pied dans la porte, solliciter un comportement préparatoire : ce peut être signer une pétition, s'engager publiquement pour une cause ou simplement signifier qu'on est d'accord avec une idée défendue lors d'une discussion informelle. Jusque-là, ce sont des choses qui arrivent quotidiennement : on peut très bien prôner le tri des déchets auprès de son voisin à 17 heures. Et à 18 heures, cependant, quand on se trouve confronté à cette situation, on a complètement oublié ce qu'on a défendu plus tôt ou on cherche une bonne excuse pour ne pas le faire.

Ensuite, la deuxième étape consiste pour la personne sollicitée à se remémorer une attitude précise qu'elle a eue sur une période donnée. Et c'est là qu'elle se retrouve prise au piège. C'est ce qu'on appelle la dissonance cognitive : quand deux éléments présents en nous ne sont pas compatibles, quand l'un implique la négation de l'autre : ce que je fais ne correspond pas avec ce que je soutiens. Il faut donc rétablir l'équilibre, agir en fonction de ce l'on pense.

Les résultats des expériences menées en prévention sont exemplaires, mais on peut tout de même noter que les tests ont été effectués dans un laps de temps réduit. L'effet est-il suffisant pour faire prendre de nouvelles habitudes pérennes ? Souvenons-nous qu'il est dans la nature de l'être humain d'endormir ses scrupules pour modérer ses efforts, surtout si le comportement recherché est coûteux... jusqu'à la piqûre de rappel.

Un outil toxique

Cette technique peut être utilisée à des fins beaucoup moins louables et c'est malheureusement un ressort courant de l'entreprise pour justifier de ne pas augmenter ses collaborateurs ou pour simplement s'assurer de leur dévouement. Le principe est le même, la scène se passe en général lors d'un entretien d'évaluation entre un employé et son supérieur. Dans la position où se trouve le salarié, il est susceptible de tomber dans tous les pièges, c'est donc assez facile. Il suffit de le faire se prononcer sur une pratique ou une idée. Lui demander par exemple s'il trouve normal d'envoyer des mails ou de répondre à des appels téléphoniques personnels pendant les heures de travail (non, bien sûr) ou s'il considère qu'il est naturel de rester après les heures d'ouverture (pour sûr). Là dessus, il suffit d'engager l'employé à faire son examen de conscience, qui s'avère, on s'en doute puisqu'il ne s'attendait pas à cela, exemplaire dans le mauvais sens.

Dans les relations interpersonnelles privées (dans le couple ou entre amis), la technique du pied dans la mémoire peut aussi être mise à contribution. Mais mieux vaut la réserver à des remarques purement factuelles (pour remémorer à son conjoint sa volonté de participer aux tâches domestiques par exemple). Il faut se souvenir que ce qu'elle engendre chez celui dont elle est la cible, ce n'est ni plus ni moins qu'un sentiment de culpabilité et il n'y a rien de sain à fonder une relation quelle qu'elle soit sur ce type de sentiment.

À RETENIR

Le décalage entre les paroles et les actes

La technique du pied dans la mémoire consiste à mettre une personne face à ses contradictions. Elle met en valeur ce décalage entre nos pensées et nos actions et permet de rétablir l'équilibre entre les deux. Il s'agit de faire un effort de mémoire sur une erreur commise, un comportement fautif, etc., pour pouvoir faire plus attention à l'avenir.

Pour un bon fonctionnement

Cette technique repose sur la volonté des gens à vouloir évoluer. Une fois qu'ils sont motivés, il faut leur montrer sans les juger quand leur comportement n'est pas en adéquation avec leurs pensées ou leurs aspirations. Le pied dans la mémoire peut donc servir à réveiller les consciences. Mais on ne peut pas être sûr que cela fonctionne sur le long terme.

Attention aux utilisations malveillantes

La technique est aussi largement utilisée dans le monde du travail, pour manipuler les employés, par exemple. Elle permet de fixer des objectifs a posteriori de façon à ce que personne ne soit en mesure de les respecter. Comme elle engendre souvent un sentiment de culpabilité, elle peut aussi être une arme redoutable dans les relations de couple.

Créer le besoin

« La rareté fait le prix des choses. »

Pétrone

Témoignage

« Il fallait que je loue mon appartement le plus rapidement possible. J'avais accepté un boulot à l'étranger et je devais commencer la semaine suivante. Autant dire que je n'avais pas beaucoup de temps pour bien organiser mon départ. En ce qui concernait mon logement, je savais très bien comment cela allait se passer : on commence à faire visiter son appartement, on accumule les dossiers et les visites, les gens veulent réfléchir, ils disent oui, ils se rétractent parce qu'ils ont trouvé mieux, moins cher, dans un quartier plus sympa... Ça prend des semaines et je n'avais vraiment pas le temps ni l'envie de m'occuper de tout ça. Mon appartement n'est pas un taudis et il est au prix du marché, je n'ai donc pas vraiment eu honte de faire ce que j'ai fait. Je n'ai pris qu'un rendez-vous pour faire visiter l'appartement. J'ai reçu un jeune couple d'étudiants, ils avaient l'air sérieux et sympathiques. L'appartement leur plaisait, leur dossier était complet. Je ne voyais donc aucune raison d'aller chercher plus loin. Je leur ai dit que s'ils se décidaient sur le champ, il était à eux, sinon je prenais d'autres rendez-vous aussitôt. Je sais combien c'est dur de trouver un appartement à Paris et de se faire passer devant par des gens parce qu'ils ont un meilleur dossier ou juste une tête qui revient mieux au propriétaire. C'est sans doute ce à quoi ils ont pensé aussi. Malgré leur appréhension visible, ils ont accepté et nous avons signé le soir même. » François, 44 ans

Un peu de théorie

Liberté, rareté et convoitise

Il s'agit ici du sentiment de liberté. En créant une situation où la chose convoitée est rare, unique ou disponible seulement pour un temps limité, on crée une menace fictive : passer à côté de quelque chose qui pourrait s'avérer indispensable par la suite, ne plus pouvoir en bénéficier, en être privé, c'est amputer notre liberté. Par défense, on saute sur l'occasion. Cela fonctionne pour tout ce qui est rare, inaccessible, limité dans le temps, ou ce qui peut nous échapper (pensez au téléphone qui sonne).

Pour donner de la valeur à quelque chose, il suffit souvent d'attiser la convoitise. Si plusieurs personnes convoitent le même objet, chacun constitue pour l'autre une menace potentielle, ce qui renforce l'attrait de l'objet et lui donne encore plus de valeur. C'est comme cela qu'on fait monter les enchères et que l'on peut accélérer une vente : « J'ai déjà deux offres sérieuses pour cette voiture », « J'ai deux places pour Carmen à l'opéra, si tu ne veux pas venir avec moi, ce n'est pas grave, Matthias et Gilles étaient partants aussi ». C'est aussi sur ce principe que repose souvent l'intensité ou le renouveau du désir : en voyant l'objet de son affection désiré par d'autres, celui-ci se voit décuplé. « Dîner avec toi ce soir ? Ce soir, je peux pas je vois Alexandre et demain Emmanuel… La semaine prochaine ? » ; « J'ai l'impression que ce nouveau poste ne vous emballe qu'à moitié, ce n'est pas très grave, Colot et Martinez m'ont déjà proposé leur candidature. »

Une offre limitée dans le temps

Pour créer ce sentiment, on peut mettre en œuvre plusieurs sortes de techniques. Le marketing nous en offre de bons exemples. Tout d'abord, il y a le cas de l'offre limitée dans le temps. On permet aux

gens d'accéder à un produit plus abordable dans un temps défini. Cet objet leur échappera s'ils dépassent ce délai.
« Prix spécial anniversaire », « soldes flash », « les 10 jours en or »... Vous êtes sans doute familiers de ces slogans. Pourtant vous savez bien que ces promotions ne sont motivées par autre chose que par la volonté d'écouler les stocks. Malgré tout, nous sommes nombreux à nous dire en recevant le prospectus : « Je devrais aller y faire un tour, ce serait dommage de passer à côté d'une bonne affaire. » De la même façon, on peut créer une urgence autour d'autres décisions, pour attirer l'attention sur soi ou se faire désirer : « J'ai d'autres propositions d'emploi, dites-moi rapidement si ma candidature vous intéresse » ; « Tu viens en week-end avec moi ? Décide-toi vite, je prends les billets ce soir », « Unique et dernière représentation du cirque Binder »... C'est aussi sur ce principe que reposent les ventes privées : des articles d'exception à des prix exceptionnels pour un public sélectionné. Sauf que... les heureux chanceux ont tendance à investir plus que de raison sous prétexte qu'une telle offre ne se représentera pas de sitôt : « Je n'en avais pas vraiment besoin mais bon, un blouson en cuir Sadig et Woltaire à ce prix-là, je ne pouvais pas passer à côté ».

La série limitée

La deuxième technique qui est souvent utilisée est celle de la série limitée. C'est le même phénomène que l'offre limitée dans le temps. Là, la menace ne pèse plus à proprement parler sur le temps mais sur la disponibilité. Et les slogans sont là pour le rappeler : « Dépêchez-vous, il n'y en aura pas pour tout le monde », « seuls les plus rapides auront la chance de... ». Une technique de marketing pour booster les ventes d'un produit courant, c'est de créer des éditions limitées : des canettes de soda décorées par un styliste, des voitures estampillées Roland Garros ou festival de Cannes... c'est une idée à garder à l'esprit si vous voulez vous lancer dans l'artisanat ou la création : préférez les créations uniques ou les petites quantités plutôt que la production industrielle du même produit. Le bijou unique du « petit créateur » est très prisé et peut se vendre beaucoup plus cher que celui, même aussi joli, largement distribué. C'est toujours une fierté de posséder un objet rare ou unique, cela le rend précieux. On éprouve une certaine satisfaction à savoir qu'on est le seul à l'avoir. À l'inverse, on peut détourner quelqu'un de son but en lui conférant un caractère facile, commun : « Dîner ? Tous les deux ? Pas de problème, j'ai même pas besoin de sortir mon agenda, je suis libre tous les soirs » ; « Vous pouvez me rappeler quand vous voulez, je n'ai pas d'autre entretien en vue » ; « Carmen ? Il y a des représentations pendant trois mois, on a largement le temps d'y aller… »

À RETENIR

La rareté suscite le désir

Un objet, un produit rare a beaucoup plus de valeur. Il faut donc œuvrer à faire de ce que vous proposez quelque chose de difficile à obtenir. De tout juste disponible pour que la personne que vous visez ait l'impression qu'il ne le sera bientôt plus. il faut aussi lui montrer que cet objet attire les convoitises de beaucoup d'autres personnes.

La limite de temps

Vous conférerez au produit un caractère exceptionnel, en ne le rendant accessible que dans un temps précis. Si on ne s'y prend pas à temps, on laisse filer cet objet qui nous semble si précieux ou on passe à côté d'une affaire avantageuse. Vous pouvez aussi utiliser cette technique pour vous rendre désirable en ayant l'air inaccessible ou très convoitée.

Un caractère unique

Les personnes qui pourront bénéficier de ce produit rare se sentiront à leur tour exceptionnelles, uniques. Faites monter les enchères. Mentionnez toutes les autres personnes (réelles ou fictives) intéressées. En revanche, La banalité provoque l'effet inverse. Pour distraire quelqu'un de sa volonté, vous pouvez lui conférer un caractère commun, accessible.

La technique peur/soulagement

« La peur ne peut se passer de l'espoir et l'espoir de la peur. »

Spinoza

Témoignage

« Je n'avais jamais envisagé ça comme de la manipulation, mais c'est vrai que maintenant que j'y réfléchis, il y a un peu de ça !... C'est un truc que je fais de temps en temps avec mes parents quand j'ai quelque chose à leur demander qui me tient à cœur – quelque chose que, je le sais bien, ils ne vont pas apprécier : comme passer une soirée en boîte, aller camper avec des potes pendant un week-end... Environ une semaine avant, je leur annonce une mauvaise nouvelle qui va leur faire peur : je vais sans doute redoubler, je veux arrêter mes études pour devenir chanteur, me consacrer uniquement à la musique... Je les laisse mariner quelques jours en revenant parfois à la charge ("Si je passe pas en terminale, c'est même pas la peine que j'y retourne, je pourrais continuer à livrer des pizzas, c'est cool comme métier...") et puis une fois qu'ils ont bien balisé, je rétablis la vérité : je me suis affolé pour rien, je passerai bien en terminale, je ne veux plus faire carrière dans la chanson mais dans le droit, la communication ou le commerce international. Ils sont alors super soulagés et je peux en profiter pour demander ce que je veux. Évidemment, ça ne marche pas à tous les coups, surtout quand la demande est trop énorme et que j'ai exagéré, mais j'ai quand même pu constater qu'ils étaient beaucoup plus réceptifs dans ces moments-là. Comme s'ils étaient passés à côté du pire et que tout avait moins d'importance à ce moment-là. » Jérôme, 17 ans

Un peu de théorie

Gentil flic / méchant flic

La méthode peur/soulagement est bien connue des amateurs de séries policières. C'est la même technique que celle utilisée généralement pour faire parler le suspect. On met en scène deux policiers : un gentil et un méchant. On commence par faire intervenir le méchant. Il semble capable de tout, surtout du pire, pour obtenir des aveux : le menacer, le frapper, s'en prendre à sa famille… Au moment exact où le suspect croit qu'il va dépasser les bornes, où il commence à avoir vraiment peur et à ne plus se sentir en sécurité, le gentil flic arrive, fait mine de calmer son collègue en prenant le parti du suspect, et prend la relève en utilisant des moyens plus doux, plus humains et en le rassurant. Il essaie même de créer une complicité avec lui. Soulagé, pensant qu'il a échappé au pire, le prévenu avoue tout.

Cette technique ne permet pas d'obtenir que des aveux. On peut s'en servir dans d'autres occasions un peu plus courantes et la demande peut n'avoir aucun rapport avec l'épisode crainte/soulagement. À partir du moment où la personne a vraiment eu peur, et que le problème se résout, elle se sent tellement bien, tellement heureuse, qu'elle relativise beaucoup plus les événements, que tout lui semble plus léger et alors elle peut accéder à la plupart des demandes. Ces demandes, elle ne les aurait pas acceptées en temps normal parce qu'elles peuvent être coûteuses mais à ce moment-là, elle pense qu'elles ne pourraient pas être pires que ce qu'elle vient de vivre.

La peur du galant d'être abusé

Les expérimentations réalisées par les chercheurs polonais Dolinski et Nawrat ont prouvé le bon fonctionnement de cette technique. Dans l'une de ces expériences, on avait déposé sur quelques pare-brise d'une rue (où le stationnement était interdit) soit des amendes soit des prospectus qui ressemblaient à s'y méprendre à des amendes. Un peu plus loin, une étudiante réalisait un sondage. Au terme de cette étude, il s'est avéré qu'entre les trois groupes d'automobilistes (ceux qui n'avaient rien eu, ceux qui avaient eu une amende et ceux qui avaient eu une pub), c'est le groupe de ceux qui avaient trouvé le prospectus qui avait été le plus coopérant, autrement dit ceux qui avaient sérieusement éprouvé la peur d'avoir été sanctionnés puis avaient été soulagés de constater qu'il n'en était rien.

Ces mêmes chercheurs ont réalisé une autre expérience pour récolter des fonds. Elle prenait place dans une rue où les piétons avaient pris pour habitude de traverser en dehors des passages protégés. Lors de ce test, ils ont choisi de laisser certaines personnes traverser sans les inquiéter et de rappeler les autres à l'ordre en donnant un coup de sifflet. Mais ces derniers avaient la joie de constater que la personne au bout du sifflet n'avait rien d'un policier. Plus tard, toutes ces personnes étaient sollicitées pour faire un don. Même conclusion : les personnes qui avaient été inquiétées puis soulagées furent deux fois plus nombreuses à donner de l'argent.

Le lieu et le moment

Comme on peut l'observer dans ces expériences, la personne qui souhaite user de cette méthode n'a donc pas à faire peur elle-même, même si c'est tout à fait possible. Imaginez un employé qui souhaite prendre un jour de congé au débotté. Il peut par son comportement laisser entendre qu'il cherche un nouveau boulot ou qu'il a été débauché et demander un rendez-vous avec son supérieur. Au moment du rendez-vous, il pourra le rassurer, dès lors il sera plus facile d'obtenir ce jour de congé, parce que son directeur aura imaginé bien pire et cette requête lui semblera alors dérisoire. On peut aussi utiliser ce phénomène en choisissant soigneusement les circonstances de sa demande : après un dénouement heureux au travail, après un virage serré, après un tir au but, le retournement d'une crêpe… tout dépend de la personne à laquelle vous vous adressez et la façon dont elle gère le stress. Dans tous les cas, il faut choisir le moment de décompression après une période de stress ou d'inquiétude.

Vous pouvez également évoquer une situation potentiellement dangereuse (« Tu as oublié l'anniversaire de ta mère ! », « M. Durant a appelé, il n'a pas reçu ton rapport ») et la désamorcer aussitôt que vous sentez l'angoisse assez forte (« Je lui ai envoyé des fleurs de ta part », « C'est bon, il l'avait perdu »)… pour mener votre cobaye par le bout du nez (« Tu pourrais réinstaller mon ordinateur, j'ai tout planté ? » « Tu peux me remplacer demain après-midi ? »).

À RETENIR

La peur et le soulagement

Une grande peur suivie d'un soulagement engendre chez celui qui les ressent une euphorie qui le rend disponible à toutes les demandes. Cependant, tous les états d'esprit ne sont pas propices à la manipulation. Cette situation peut être fabriquée de toutes pièces par le manipulateur ou un couple comme dans le duo gentil flic/méchant flic.

Application

Ce genre de situation arrive naturellement. Apprenez à reconnaître et à profiter des circonstances quand elles se présentent, cela peut aussi être un bon moyen d'obtenir ce que vous voulez. Sachez que celui qui fait la demande n'a pas forcément à être celui qui a provoqué la peur et le soulagement, les deux situations peuvent être totalement indépendantes.

N'allez pas trop loin

Mettre en scène une fausse situation anxiogène, laisser planer le doute quant à un danger potentiel avant de soulager votre interlocuteur, vous amènera sans doute à de bons résultats. Tout dépend de ce à quoi est sensible la personne que vous souhaitez influencer. Reste à savoir si vous êtes prêt à renoncer à toute éthique pour parvenir à vos fins…

La psychologie inversée

« Demande un conseil à ton ennemi et fais le contraire. »

Proverbe juif

Témoignage

« Je trouve que mon fils est trop fainéant intellectuellement. J'aimerais qu'il s'intéresse à autre chose que les jeux vidéo. En vérité, j'aimerais qu'il lise, qu'il développe son imagination, tout ça. Je ne sais pas trop comment l'inciter sans le rebuter. Je lui offre des bouquins mais ça ne sert pas à grand-chose, il me remercie, les feuillette un peu pour me faire plaisir et c'est tout. Ça me désole, en plus, il sait lire parfaitement, c'est juste qu'il veut me tenir tête. Il suffit que je dise que quelque chose est intéressant pour qu'il trouve ça nul et inversement. Il ne veut juste pas se conformer à ce que j'attends de lui, c'est comme ça que j'ai eu cette idée. Je me suis dit que si je désapprouvais le truc, ça l'intéresserait sûrement. Bien sûr, je n'allais pas faire semblant de détester la lecture du jour au lendemain, j'ai essayé de la jouer plus finaude. Je bosse dans une maison d'édition, il n'est donc pas rare que je rapporte des livres à la maison. J'ai commencé à descendre ouvertement des bouquins à table en disant que c'était vulgaire, qu'on n'y comprenait rien, que je voyais pas à qui ça pouvait plaire. Et puis, j'ai commencé à faire un carton de ma sélection que j'ai mis au garage en attendant prétendument de le jeter. Ça a fonctionné assez vite. Il a commencé à manquer assez rapidement un livre au carton. Ce qui m'amusait le plus, c'est que mon fils se planquait pour les lire. J'hésite à lui dire la vérité, j'attends qu'il soit vraiment accro. » Stéphane, 43 ans

Un peu de théorie

L'illusion de la liberté

Si vous voulez qu'une technique de manipulation fonctionne, il faut que la personne que vous souhaitez manipuler soit persuadée qu'elle agit de son propre chef, toute seule, et que vous n'y êtes pour rien. Qu'elle est complètement libre de ses agissements. Il ne faut pas lui donner l'impression de l'influencer ou de l'amener vers quelque chose. Elle doit vraiment croire qu'elle prend ses propres décisions. Dans les situations d'autorité, ce sentiment de liberté est naturellement menacé : les parents, les professeurs sont vus comme trop autoritaires par les adolescents, parce qu'ils décident à leur place, ils leur imposent certaines tâches à effectuer. Les managers sont perçus comme paternalistes par leurs employés, et même les amis se mêlent parfois de ce qui ne les regarde pas en donnant trop de conseils ou en faisant la morale. La réaction naturelle devant ce risque de se voir amputé d'une partie de sa liberté, devant ce péril, plus ou moins exacerbée selon le caractère, l'âge des individus et le rapport qu'ils entretiennent avec les autres, est la résistance passive ou le contre-pied, c'est ce qu'on appelle le concept de réactance. Tout d'abord, la résistance passive consiste à s'opposer à l'autorité sans l'affronter directement, sans entrer dans le conflit. Concrètement : si mes parents insistent pour que j'arrête de fumer, je vais me mettre à fumer plus. Non pas parce que j'éprouve un soudain besoin de fumer, mais parce que ma liberté de fumer s'est vu menacée.

Utiliser la réactance

On peut mettre à profit ce concept de réactance pour manipuler une personne. De manière caricaturale, il s'agit de demander le contraire de ce que l'on veut de façon à ce que la personne agisse comme on le

souhaite par réaction. Il faut bien sûr connaître la personne avant pour savoir qu'elle réagit de cette manière quand elle croit que sa liberté d'action est menacée. Et plus vous persisterez dans votre engagement, plus votre sujet persistera dans le sien. Voilà pour la théorie.
En pratique, il faut évidemment savoir être subtil : il est peu probable que vous obteniez ce que vous désirez si vous interdisez à vos enfants de se laver les dents ou que vous conseilliez à vos collaborateurs de prendre des pauses déjeuner plus longues. Il faut employer des moyens détournés.
Toute la manipulation repose sur la sauvegarde de la liberté : le sujet va agir non pas en fonction de l'action en elle-même mais pour avoir le sentiment qu'elle n'est pas sous contrôle. Si elle se rend compte du subterfuge, elle risque de redoubler d'hostilité à votre égard et ne plus jamais vous accorder sa confiance. Soyez prudent. Une technique à ne réserver qu'à des manipulations innocentes, donc.
Enfin, il faut garder à l'esprit que cette technique repose sur un dysfonctionnement dans la relation interpersonnelle : la personne que vous cherchez à influencer se sent menacée par vos agissements. À moins de vouloir conserver ce déséquilibre, il est peu souhaitable de laisser ce sentiment perdurer.

Applications pratiques

Voici maintenant quelques exemples de situations concrètes pour mettre en pratique cette technique de manipulation.
À votre meilleur ami qui est célibataire depuis des années et qui vous reproche de vouloir vous immiscer dans sa vie privée en voulant lui faire rencontrer des partenaires, cessez de lui organiser des rencontres, vous pouvez lui présenter des femmes à l'occasion, innocemment, en lui précisant bien qu'elles ne sont pas son genre. Ou organiser une fête où vous inviterez beaucoup de monde, dont plusieurs femmes

célibataires, sans le prévenir. Votre enfant est « difficile », il ne mange jamais rien et refuse de goûter tous les nouveaux aliments que vous lui proposez ? Essayez la technique suivante : servez-vous ostensiblement de ce nouveau mets sans lui en donner et montrez que vous vous régalez. Ne lui en proposez surtout pas et précisez que ce n'est pas un aliment pour les enfants, que c'est uniquement réservé aux adultes. Le fait qu'il n'ait pas le droit d'en manger lui donnera à tous les coups très envie d'y goûter !

Vous aimeriez ne pas supplier à chaque fois votre collaborateur de vous accompagner pour les réunions trimestrielles avec le reste de l'équipe : organisez-la en l'ignorant ouvertement. Ne l'invitez pas. Montrez-lui que vous pouvez vous débrouiller tout seul.

Inversement, si vous ne voulez plus voir les petites amies de votre fils à la maison, entourez-les d'une affection hors de propos, vous pouvez même les inviter à dîner sans prévenir votre fils.

À RETENIR

Le besoin de liberté

Quand il y a relation d'autorité ou trop grande emprise, le sentiment de liberté du sujet est menacé. Il sent sa liberté d'action en péril. Aussi pour récupérer ce sentiment, il va agir contrairement à vos désirs affichés. Pour le manipuler, il va donc falloir lui laisser entendre qu'il est totalement libre dans les décisions qu'il prend.

La résistance passive

Cette décision de résister provoque un phénomène d'engagement. Il sera proportionnel à l'emprise que ressent le sujet. Plus vous insisterez, plus sa volonté d'aller à l'encontre de vos désirs sera forte. C'est le concept de réactance. Pour le contrer, demandez l'inverse de ce que vous désirez pour qu'il vous donne ce que vous vouliez au départ, par réaction.

Attention aux conséquences

Il s'agit d'une lutte pour la liberté. Si le sujet découvre qu'il s'est fait avoir, sa réaction risque d'être forte et votre relation risque d'être mise en danger. N'oubliez pas que si vous avez recours à cette technique, c'est qu'il y a un déséquilibre dans la relation : la personne a l'impression que vous êtes une menace pour sa liberté.

La stratégie gagnant-gagnant

« Comprendre une personne, c'est déjà lui parler. Poser l'existence d'autrui en la laissant être, c'est déjà avoir accepté cette existence, avoir tenu compte d'elle. »

Emmanuel Lévinas

Témoignage

« J'ai été un manager exécrable : je croyais que ma position justifiait le fait de me faire obéir des gens, j'imposais énormément sans me justifier et je me heurtais à la mauvaise volonté de mes collaborateurs. J'étais toujours dans un rapport de force.
Et puis, j'ai suivi un séminaire sur la méthode gagnant-gagnant. Il s'agit de reconnaître les besoins de chacun des collaborateurs et de faire en sorte que tout le monde en sorte gagnant. Il ne s'agit pas de "céder" ou de "gagner" mais bien d'apprendre à travailler ensemble de la manière la plus efficace. Cela permet d'être pleinement conscient du boulot et des difficultés que chacun rencontre. Ça a changé ma vie au bureau. Je n'impose plus : je dis ce vers quoi j'aimerais qu'on aille, quels sont les objectifs et on discute ensemble des moyens qu'il faut mettre en œuvre. Souvent, on arrive à une décision qui s'apparente à celle que j'aurais imposée mais comme elle a été prise collectivement, elle est appliquée avec enthousiasme et sérieux. On pourrait croire que c'est une perte de temps mais ce temps on le rattrape par la suite dans la fluidité du travail. Bien sûr, je pourrais être cynique et me dire qu'il ne s'agit que de manipulation : je fais croire à mes subordonnés qu'ils ont le choix pour

qu'ils embrassent ma décision. Mais cette méthode a tout de même instauré plus de respect et de dialogue. Tout le monde se sent impliqué dans les projets, les salariés sont plus réceptifs et proactifs. » Jean-Marc, 46 ans

Un peu de théorie

Win-win

La méthode gagnant-gagnant, ou approche sans perdant, a été développée par Thomas Gordon, un psychologue américain, pour aider à la résolution de conflits dans le cadre professionnel mais aussi éducatif. Cette technique repose sur le principe et le respect de la satisfaction des besoins de chacun, tel que l'a définie Abraham Maslow. Les conflits (ou les situations qui y conduisent tels que les changements) résolus par une méthode forte sont inefficaces sur le long terme. Peu importe le bien-fondé de la chose, ce qu'on retiendra, c'est la relation de pouvoir et le sentiment de frustration qui en résulte. Les rapports de force, les abus de pouvoir provoquent de la mauvaise volonté, de la résistance passive, une mise à l'écart ou une certaine infantilisation chez l'autre. De fait, on n'obtient pas du tout ce qu'on veut. On travaille « contre » les autres. Au contraire, les prises de décision basées sur le consensus sont pérennes parce que chacun a eu son mot à dire. Tout le monde travaille beaucoup plus efficacement et avec plaisir, en se sentant concerné et considéré.

Il s'agit donc de mettre en place une réelle communication où chacune des parties sera à même d'exposer ses besoins, ses difficultés, ses idées et d'écouter, de comprendre ceux des autres. Cela passe par différentes techniques, comme celle de l'écoute active et la préférence pour les « messages-je ». Aucune décision n'est censée être prise avant que chacune des parties n'y ait trouvé son compte.

Les messages-je

Le changement en entreprise est souvent appréhendé par les employés. Ils le vivent comme un traumatisme parce qu'ils redoutent toujours de se « faire avoir » et, par réflexe, prêtent des intentions malveillantes aux décideurs. Une simple réorganisation de l'espace peut tourner au pugilat pour peu qu'elle soit imposée. En mettant en place des dialogues et en donnant la parole à toutes les personnes concernées, en leur demandant leur avis sur les événements ou les projets en cours, ou juste en les tenant au courant, on implique tout le monde dans la prise de décision qui est de fait plus respectée.

« Vous êtes encore en retard ! Vous deviez me rendre ce dossier hier ! » On le voit ici, le message stigmatise la personne qui devait rendre le rapport. Thomas Gordon préconise ici de plutôt favoriser un message qui implique l'émetteur : « Aïe, je suis ennuyé, j'attendais ce rapport pour hier. » Par ce biais, vous ouvrez le dialogue au lieu de le fermer ou de l'envenimer. La personne ne va pas se sentir attaquée, ni culpabiliser, elle va chercher à vous aider à résoudre « votre » problème.

Cette méthode a aussi fait ses preuves dans l'éducation : au lieu d'imposer et de donner des ordres (« éteins ta musique ! »), on raisonne en termes de besoins : j'ai besoin de calme quand je rentre du travail alors que tu as besoin d'écouter ta musique très fort, trouvons une solution ensemble (« à partir de 19 heures, tu mets un casque »). Ainsi, on ne nie pas le besoin de l'autre.

Manipulation ?

L'écoute active est une technique thérapeutique mise au point par le psychologue américain Carl Rogers. Le principe est de faire parler la personne en l'« écoutant activement », c'est-à-dire en paraphrasant son propos et en la relançant régulièrement dans le seul but de cerner ses besoins et ses sentiments. Le but est que la personne exprime ce qu'elle ressent, il faut donc être très vigilant dans les relances et éviter ce que Gordon appelle les messages à risque susceptibles de faire cesser net le dialogue : commander, menacer, faire la morale, conseiller, expliquer, blâmer, juger, approuver, ridiculiser, diagnostiquer, rassurer, enquêter et faire de l'humour.

Même si l'approche sans perdant part d'intentions somme toute louables (écouter et prendre en compte les besoins des autres), elle est souvent utilisée à des fins plus ou moins manipulatoires. En effet, elle est généralement à l'initiative de la personne en position de force (le parent, le manager) qui va poser son besoin comme celui de référence (j'ai besoin que la maison soit en ordre, que ce dossier soit fini demain, etc.) et ce n'est que dans ce cadre déjà restreint que va se tenir la réflexion. C'est une technique de management en douceur qu'adoptent maintenant de plus en plus d'entreprises : elles ne prennent de décisions importantes que quand tout le personnel est d'accord (ce qui arrive en général au bout du compte) et les décisions n'ont donc pas loisir d'être remises en cause ou critiquées.

À RETENIR

Une méthode thérapeutique

Cette technique a été développée à la base pour aider à la résolution de conflits dus à la volonté d'une personne de tout imposer aux autres d'une manière autoritaire. Elle consiste à faire dialoguer les deux parties concernées pour parvenir à de meilleurs résultats. Elle est utilisée dans le milieu professionnel mais aussi dans dans celui de l'éducation.

Prendre en compte les besoins de chacun

Le changement fait souvent peur. On pense qu'on va être lésé. Pour remédier à cela, Il s'agit d'instaurer un dialogue en suivant certaines règles. Avec l'utilisation des messages-je, les décisions ne sont plus imposées, mais prises en commun, le sentiment de liberté est préservé, les participants sont engagés et les décisions prises sont pérennes.

Une technique de manipulation

L'écoute active permet de faire parler son interlocuteur : le dialogue est ainsi ouvert et chacun peut exprimer ce qu'il a sur le cœur et se sent alors considéré. La technique du gagnant/gagnant peut servir à manipuler dans la mesure où l'un des participants a une position de leader naturel dont les besoins sont instaurés comme référents.

Désamorcer un conflit

« Nul n'est méchant volontairement. »

Socrate

Témoignage

« Dans mon métier, les occasions de conflits sont quotidiennes. Je suis responsable de projet éditorial et je coordonne les intervenants de la chaîne du livre.
A., auteur, nous livre un texte, elle est communicante professionnelle, c'est d'ailleurs comme cela que nous l'avions repérée. Pour la promotion, elle nous fournit une liste de noms de journalistes qu'elle connaît. J'attends donc de notre département des relations presse qu'il promeuve en priorité le livre auprès de ces personnalités du journalisme.
Quelques jours après, notre auteur se plaint de la sécheresse du communiqué de presse : "Nous vous rappelons qu'il est impératif de faire figurer la couverture à côté de votre chronique", "La reprise de contenu de l'ouvrage sans autorisation est formellement interdite".
Je connais la susceptibilité de notre attachée de presse et son incapacité à remettre en cause ses méthodes de travail. Je sais aussi que seule la flatterie fonctionne avec elle et qu'elle déteste perdre la face. Je lui envoie donc un message où rien n'est vrai :
"Chère D., Un grand merci pour ton communiqué de presse. Notre auteur a déjeuné avec un des journalistes et il a été convaincu par ton argumentaire. Pourrais-tu s'il te plaît me le transmettre ?"

Je reçois ensuite un long communiqué de presse illustré, bavard, enjoué, qui n'a plus rien à voir avec le précédent. Et, comme par hasard, les journalistes de ma fameuse liste aussi. D. s'est peut-être sentie acculée, mais son honneur est sauf. » Camille, 32 ans

Un peu de théorie

Des personnalités différentes

Dans la vie, Il y a toujours une personne pour nous gâcher l'existence. Conflits réels ou larvés, incivilités, malentendus, en famille, sur la route ou au travail sont notre lot quotidien. Dans les situations de crise, la tentation est grande de répondre de la même façon mais ce n'est pas la bonne solution. À court terme, cela permet sans doute de se défouler mais cela interdit tout progrès.

Troubles pathologiques mis à part, on doit admettre qu'il n'existe pas de vraies « personnalités difficiles ». Il y a juste des individus différents qui ont des fonctionnements ou des relations qui, à un moment donné, ne marchent pas comme ils le voudraient. Beaucoup de paramètres entrent en jeu dans une relation interpersonnelle : qu'elle soit occasionnelle et purement utilitaire (le vendeur/le client), professionnelle (entre collègues ou hiérarchie), familiale ou amoureuse. Le contexte joue un rôle important bien sûr mais il y a aussi l'histoire personnelle de chacun (son éducation, sa culture...) et sa personnalité. On a tous en tête des personnes dont on dit qu'elles sont susceptibles, sans arrêt « sur la défensive », qu'elles se sentent agressées, qu'elles ne comprennent pas l'humour.... Chacun a sa manière de réagir – et de ressentir l'événement – quand une difficulté se présente, et la plupart du temps les gens ne sont pas « sur la même longueur d'onde », ils ne comprennent pas ou interprètent mal l'attitude des autres, ce qui cause malentendus et différends.

Une histoire de déclic

Si on veut apprendre à se comporter différemment pour aller de l'avant, agir de manière constructive et ne plus se laisser emporter par la colère, quelques techniques existent qui permettent de maîtriser et de neutraliser les conflits. Pour éviter de rentrer dans le schéma des nombreuses réactions types face à un désaccord (bouder, sortir de ses gonds, fuir la situation, se braquer...), le docteur Zaczyk, auteur de *Comment avoir de bonnes relations avec les autres*, nous apprend comment vivre au quotidien nos relations de manière sereine tout en acceptant les différends qui existent entre nous et les autres. Il suggère d'essayer de prendre conscience des déclics qui se produisent en nous et qui conditionnent ces attitudes malheureuses. Il isole plusieurs causes à ces réactions : les choses ne sont pas comme on pense qu'elles devraient être, on a le sentiment d'avoir perdu quelque chose, on éprouve un sentiment d'abandon, l'estime de soi a été ébranlée. Identifier ses déclics permet d'avoir une vision plus objective de la situation et de ne pas se laisser entraîner dans une chaîne de réactions peu constructives. Cela permet aussi de les repérer chez son interlocuteur et ainsi empêcher leur apparition. Par exemple, dans le domaine professionnel, on sait qu'avec certaines personnes, il vaut mieux ne pas remettre en cause leur travail directement mais plutôt passer par des moyens détournés si on veut continuer à travailler de façon harmonieuse avec elles, sans les bloquer.

Les méthodes pour gérer le conflit

Si on veut redevenir maître de la situation, il convient tout d'abord d'essayer de sortir du conflit (métaphoriquement) et de se demander où l'on veut aller. Dans les relations professionnelles la réponse est plutôt simple : on veut faire en sorte que le travail soit fait et bien fait, si possible. Garder cet objectif en vue est primordial dans la suite des événements, il permet de ne pas en faire une affaire personnelle. Dès lors, il devient acceptable d'« encaisser » si l'on n'a rien à dire, ou d'agir si c'est possible.

Quand les conflits ne se déroulent pas en face à face (mails, téléphone…), la situation peut rester encore confortable, mais devant une personne furieuse, il est difficile de rester passif. Dans ces cas-là, comment agir ?

La chose primordiale à éviter dans un premier temps est de répondre sur le même mode (on vous insulte/vous insultez). Pour savoir de quoi il retourne exactement, essayez donc l'écoute active : cela permettra à votre interlocuteur d'être plus à l'aise et de se recentrer sur son problème et la façon dont il le ressent.

Si, de toute évidence, vous ne pouvez accéder à la demande de votre interlocuteur ou que vous ne pouvez être d'accord avec son point de vue, essayez la méthode du disque rayé : elle consiste à réitérer votre refus autant de fois que nécessaire jusqu'à ce que votre interlocuteur comprenne qu'il n'a pas de prise sur vous : « Je vois bien que tu es mécontent, mais je ne changerai pas d'avis. »

À RETENIR

Notre attitude face aux conflits

Les désaccords ou les disputes surviennent régulièrement dans notre quotidien. Tout le monde ne réagit pas de la même façon à ces événements mais il est souvent difficile d'adopter une attitude constructive face à eux. Cependant, on ne peut pas dire qu'il existe des personnes conflictuelles, mais plutôt des ratés dans la communication, des incompréhensions.

Apprendre à identifier les déclics

Face à un conflit, il vaut mieux ne pas réagir à brûle-pourpoint. Essayez plutôt de prendre conscience de ce qui se passe en vous quand vous vous retrouvez dans ces situations-là. Apprendre à reconnaître ces déclics permet d'éviter le conflit. Il faut connaître les siens mais aussi ceux de son interlocuteur pour rester objectif et empêcher l'escalade.

Essayer différents procédés

Prenez de la hauteur : poursuivez votre but sans prêter attention aux critiques. La technique de l'écoute active vous aidera à développer votre empathie et à préserver l'estime de soi de celui qui vous parle. Ou alors, essayez la technique du disque rayé : si la situation est sans issue, répétez la même chose jusqu'à ce que votre interlocuteur abandonne.

La manipulation passive

« Rien n'est jamais sans conséquence. En conséquence, rien n'est jamais gratuit. »

Confucius

Témoignage

« J'étais en guerre contre mes enfants pour qu'ils rangent leur chambre. L'aîné a 15 ans et la petite a 12 ans. Tous les jours, c'étaient des rappels à l'ordre, des éclats de voix, des menaces, des punitions même. Il fallait toujours passer derrière eux pour mettre de l'ordre, ramasser leurs affaires, vérifier leur cartable, mettre le linge au sale. J'ai vraiment essayé des tas de trucs, de méthodes de communication et puis un jour, j'ai décidé de me faire violence et je n'ai plus rien fait du tout, pour qu'ils comprennent.

L'effet n'a pas tardé à se faire sentir : dès le lendemain, on ne voyait plus le sol de leur chambre, ce n'était plus qu'un tapis de chaussettes sales, bouquins, cahiers, papiers de bonbons. J'ai pris sur moi, j'ai tenu le coup en attendant qu'il se passe quelque chose. Ça n'a pas traîné : au bout de cinq jours, mon fils est venu se plaindre qu'il n'avait plus de vêtements propres et ma fille a reçu une punition du collège parce qu'elle avait oublié ses livres plusieurs fois.

Je n'ai pas fanfaronné, je leur ai simplement expliqué que ce n'était plus mon problème et qu'il fallait qu'ils réfléchissent à une solution tous seuls. Mon fils a rapidement localisé le panier à linge sale et ma fille a commencé à faire plus attention. Ça paraît simple comme ça mais j'ai vraiment dû faire un effort pour ne pas craquer pendant cette expérimentation. Mais devant le succès, j'ai bien l'intention de réitérer l'expérience avec mon mari ! » Marlène, 42 ans

Un peu de théorie

Quand agir est contre-productif

En général, on ne prend pas de décision sans y trouver un quelconque intérêt. Or, quand on conseille aux gens de faire quelque chose « pour leur bien », l'intérêt immédiat n'est souvent pas vraiment évident pour eux, c'est d'ailleurs pour cela qu'ils ont autant de mal à nous écouter ou nous obéir : « Tu devrais ranger ton vélo », « vous devriez faire plus attention avec les factures », « tes papiers de sécu sont encore sur la table »... Il l'est d'autant moins si quelqu'un fait la chose à votre place : « Bon, je l'ai rangé dans le garage, mais c'est la dernière fois », « il y avait encore des erreurs, je les ai corrigées », « je les ai mis dans la pochette bleue ». Dans ces moments-là, l'autre ne peut pas se remettre en question, il ne prend pas réellement la mesure de ce qu'on lui dit. S'il y a toujours quelqu'un pour assurer mes arrières, à quoi bon faire les choses moi-même ? Si jusque-là, mon comportement n'a porté préjudice à personne, alors pourquoi en changer ?
La manipulation par la passivité est à réserver aux personnes sur lesquelles, vous le savez, vos conseils n'auront pas d'impact ou un impact contre-productif. Il faut également être certain que ce que vous voulez pour cette personne va dans une direction logique, que, si vous vous abstenez d'intervenir, elle va forcément modifier son comportement dans le sens que vous souhaitez. Il faut que la personne trouve un intérêt elle aussi dans la décision et qu'elle soit sûre de l'avoir prise seule en toute liberté.

« Je sais ce que je fais »

C'est un fait, personne n'aime se faire dicter sa conduite. C'est infantilisant, vexant, énervant… En général, quand quelqu'un nous impose de faire certaines choses, on va agir en réaction, c'est-à-dire qu'on va y mettre de la mauvaise volonté, mal travailler, afficher notre mécontentement. L'ambiance ne sera pas au beau fixe ! Comment quelqu'un d'autre que moi peut-il savoir ce qui est bon pour moi ? De quel droit peut-on s'arroger le droit de juger la conduite des autres ?

Ce sentiment naturel de défiance à l'égard de l'autorité, on l'éprouve très tôt, dès l'adolescence. Par la suite, même si la relation d'autorité qui nous lie à nos parents a disparu, ce sentiment reste vif à l'égard de tout ce qui peut s'apparenter à une façon de régenter notre vie. Comme avec notre conjoint ou notre supérieur hiérarchique.

Les campagnes de prévention en sont un bon exemple : les seules personnes vraiment touchées sont celles auxquelles le message ne s'adresse pas directement. A-t-on jamais vu quelqu'un s'arrêter de fumer parce qu'il avait été bouleversé par un message de prévention ? Au contraire, ces campagnes sont souvent prises à la légère, moquées, comme pour mieux affirmer le libre arbitre de celui qui n'en tient pas compte. On le voit encore aujourd'hui avec cette mode de collectionner les paquets de cigarettes trash chez les ados : ce n'est pas de collection qu'il s'agit réellement mais de défi à l'égard de celui ou celle qui menace leur liberté d'agir.

Laisser faire les conséquences logiques

Parfois, la meilleure chose à faire pour amener quelqu'un à faire ce que l'on attend de lui est… de ne rien faire (ce qui demande souvent beaucoup d'énergie et de volonté) et de laisser faire les conséquences logiques : peut-être le vélo qu'on voulait ranger sera-t-il volé, la secrétaire étourdie réprimandée, les papiers importants perdus.

Certes, il semble assez cruel de laisser quelqu'un prendre des risques sans lui donner aucun conseil, mais à considérer l'effet réel de ces conseils (indifférence au mieux, redoublement de la conduite incriminée au pire), n'est-ce pas surtout une façon de se donner bonne conscience ? N'oubliez pas que pour faire prendre une décision à quelqu'un, il vaut mieux qu'il se sente pleinement libre de la prendre et le laisser agir face aux conséquences de ses actes est sans doute la solution la plus simple face à quelqu'un de bon sens. Laissez-le prendre ses responsabilités. Si vous avez décidé d'œuvrer dans ce sens, il est important de garder le cap même quand vous pensez avoir gagné la bataille. Si vous voulez voir se pérenniser le nouveau comportement, évitez les « je te l'avais bien dit », « tu vois, quand tu veux ? » et autres « ce n'est pas faute de te l'avoir répété », sous peine de voir tous vos efforts de passivité réduits à néant. Bien sûr, vous avez le droit d'être content et de le féliciter de son changement de comportement mais ne fanfaronnez pas, gardez votre satisfaction pour vous, vous donneriez l'impression d'avoir tout manigancé !

À RETENIR

Changer les autres

Faire changer quelqu'un pour son bien est une opération plutôt délicate parce que s'il n'y voit pas d'intérêt immédiat, il ne coopérera pas. Et à force de vouloir le protéger, on est amené à faire les choses à sa place, ce qui ne l'incite pas au changement. Vouloir bien faire et donner des conseils bienveillants sont souvent contre-productifs.

Conseiller/diriger

La personne doit donc d'abord voir où est l'intérêt de modifier son comportement et aussi être persuadée d'être libre d'agir comme elle veut. Conseiller peut être ressenti comme une façon de diriger et vous n'obtiendrez rien comme ça à long terme, à part de la mauvaise volonté et un résultat bâclé. Personne n'aime que les autres décident à leur place.

Laisser jouer les conséquences logiques

Ne faites plus rien. Laissez-les face à leurs responsabilités. Cela peut se révéler une solution bien plus efficace que tous les conseils ou les manipulations « actives ». Les personnes seront alors pleinement libres de réagir. Elles se rendront compte par elles-mêmes de la nécessité de faire un effort de comportement et elles le feront en toute liberté.

Savoir analyser la situation

« L'intelligence, c'est la faculté d'adaptation. »

André Gide

Témoignage

« Le directeur commercial de l'entreprise dans laquelle je travaille réussit toujours à obtenir ce qu'il veut. Par exemple, il refuse tout achat sans remise.
Une de ses méthodes consiste à critiquer les sites Internet des commerçants en leur disant qu'ils ne lui permettent pas d'obtenir la commande qu'il désire. On lui passe alors un responsable commercial du site, à qui il va faire comprendre que s'il doit y passer plus de temps, il abandonnera la commande. Le responsable commercial s'excuse et c'est un prétexte que mon directeur utilise pour demander une remise sur sa commande.
Une autre de ses méthodes consiste à créer un rapport avec les vendeurs. Demander plus que ce que l'on souhaite fait remonter l'intérêt de ces derniers. Par exemple, il est plus facile de négocier une remise pour les gros volumes que pour les petits.
Il est aussi imbattable pour déceler le vrai du faux. Une fois, nous devions négocier un contrat avec un client. Il nous avait alors dit que nous n'étions pas sa priorité et que le budget était donc ridicule. J'avais alors dans l'idée de lui faire une grosse remise pour le décider, mais ce n'était pas l'avis de mon directeur commercial. Lors de l'entretien, il avait observé les mimiques du client et son environnement de travail et s'était aperçu que les papiers, les tableaux blancs et les notes parlaient de notre contrat. Son analyse fut alors : "Ce

contrat est sa priorité numéro 1". Il avait raison, le client a accepté notre offre non remisée. » Jean-Claude, 45 ans

Un peu de théorie

Analyser pour s'adapter

Il existe des génies de la communication, ceux-là savent instinctivement comment s'y prendre pour obtenir ce qu'ils désirent. Ils savent lire en leur interlocuteur, comprendre leur comportement et leurs paroles, déceler s'il y a un double sens et s'ils dissimulent quelque chose. Ils peuvent adapter leur discours et leur méthode de travail en fonction des buts qu'ils poursuivent et dans n'importe quelles circonstances. Pour ceux qui ne sont pas dotés de ce don, il existe une manière de procéder pour être efficace : une analyse systématique des situations dans lesquelles vous vous trouvez permet de bien calibrer ses actions. Avant de choisir les outils et les techniques qu'on va utiliser, il convient de formaliser son but et ce qui le motive et quel en est l'intérêt. Par exemple : je veux que mon fils arrête de fumer parce qu'il se détruit la santé, je veux une augmentation parce que je pense la mériter, je veux que mes amis m'aident à déménager parce que je ne pourrais pas le faire toute seule et que je n'ai pas envie de payer des déménageurs. Demandez-vous ensuite quel est exactement le prix de votre demande : un gros travail qui ne va pas de soi, une simple décision, un petit effort de solidarité. Si la personne accède à ma requête, va-t-elle y trouver un intérêt ? Si oui, lequel, comment lui faire prendre conscience, et si elle n'en trouve pas, quelles seront les conséquences ? Tout cela doit être pesé avant d'être envisagé sérieusement.

Mon interlocuteur et moi

Tout d'abord, il faut toujours se demander pourquoi une simple requête demandée de façon directe n'aboutirait pas : parce que mon fils a pour habitude de ne jamais m'écouter, parce que ce n'est absolument pas dans l'intérêt de mon patron de me donner plus d'argent, parce que mes amis ont autre chose à faire un samedi après-midi d'été que m'aider à déménager… Une fois ces obstacles posés, il s'agira soit de trouver un moyen de les surmonter, soit de les faire oublier de votre interlocuteur.

Dans un deuxième temps, il convient de bien analyser la relation que vous entretenez avec cette personne. Que suis-je pour elle ? Qu'est-ce que je représente ? Suis-je un inconnu ? En ce cas, mon premier objectif sera certainement de lui donner confiance en moi ou de l'impressionner pour arriver à mes fins. Est-ce un proche ? Avons-nous une relation d'autorité (parent/enfant ou subordonné dans le travail) : un travail sur le sentiment de liberté paraît être tout indiqué dans ce cas : il faut faire comprendre à l'autre que vous n'imposez rien, que c'est lui qui décide. Notre relation est-elle basée sur la confiance ? Et en ce cas, que suis-je prêt à sacrifier pour arriver à mon objectif ?

Est-ce un homme ? Une femme ? Comment pense-t-il ? À quoi est-il sensible ? à la flatterie ? (songez à l'étiquetage) au stress (technique peur/soulagement) ? Si je ne le connais pas, que puis-je déduire de ses mouvements, de ses vêtements, de sa façon de parler ?

Les circonstances pour agir

Il faut que vous soyez conscient qu'il y a un temps et un lieu qui favoriseront votre requête. Par exemple, collecter des fonds devant un supermarché, c'est une bonne idée parce que les gens ont a priori de l'argent sur eux puisqu'ils vont faire leurs courses. Cependant, ils n'ont pas forcément de l'argent liquide, préférez donc une boulangerie ou un petit commerce, et choisissez plutôt le début du mois pour agir, quand ils viennent de toucher leur paye. Sachez profiter du dénouement heureux d'une situation de crise pour bénéficier de l'effet peur/soulagement et ainsi obtenir des résultats favorables à votre demande. Plus simplement, observez votre interlocuteur pour repérer les moments de la journée où il est plus réceptif, où il est de bonne humeur ou le plus à l'écoute. Si vous avez déterminé tous les paramètres précédents, il sera facile de trouver les outils et la technique adéquats qui satisferont vos exigences. Ne relâchez pas votre attention : soyez réactif et sachez prendre en compte les réactions de votre interlocuteur. Restez confiant, réussir à optimiser sa communication n'est pas une chose aisée. Malgré vos connaissances et votre maîtrise, évoluer avec aisance dans les arcanes de la communication et de l'influence ne s'improvise pas du jour au lendemain. Gardez en tête que les personnes que vous cherchez à influencer ne sont pas des machines et que ce qui marchera pour un n'est pas assuré de fonctionner pour l'autre.

À RETENIR

Analysez la situation

Dans un premier temps, posez-vous les bonnes questions et répondez-y précisément : que voulez-vous ? Pourquoi ? De qui ? À quel prix ? Quel est le degré d'effort à fournir pour votre interlocuteur s'il veut répondre à votre requête ? Pour le convaincre, il s'agit également de connaître et de mettre en avant l'intérêt qu'il trouvera à vous aider.

Déterminez votre plan d'action

Ensuite, questionnez-vous sur votre relation avec votre interlocuteur. Êtes-vous proche ou non ? Pourquoi ne pouvez-vous pas lui faire une demande directe ? Choisissez vos outils et vos techniques en fonction de vos réponses. Quelle corde vaut-il mieux titiller chez votre interlocuteur pour qu'il accède à votre requête ? De combien de temps disposez-vous ?

Agissez

Vous devez apprendre à trouver le moment et le lieu favorables pour passer à l'action. Pour cela, observez bien vos interlocuteurs et adaptez vos techniques et outils en fonction de chacun d'eux. Soyez souple et patient. La communication a des secrets mais ce n'est pas un système sans inconnue, apprenez à vous adapter et faites confiance au hasard.

Cahier pratique pour...

Ne plus se faire manipuler

Ne plus se faire manipuler !

« Se faire avoir », « se faire embobiner », « se faire mener par le bout du nez », « être sous influence »… autant de termes qui montrent bien le caractère banal et quotidien de la manipulation. Et pourtant, on se fait tous avoir ! Par un vendeur qui nous convainc d'acheter un objet inutile et onéreux, par une connaissance qui abuse de notre générosité, par un proche qui joue avec nos sentiments pour obtenir ce qu'il veut. Pourtant, après coup, l'arnaque est évidente. Alors pourquoi nous laissons-nous charmer malgré tout ?

La manipulation n'est bien sûr pas qu'affaire de naïveté. Elle s'appuie sur des ressorts psychologiques présents en chacun de nous et sur des pièges techniques dont il apparaît impossible de sortir à celui qui n'est pas averti.

En réfléchissant à ce qui motive réellement vos décisions et en apprenant à reconnaître et déjouer les différentes techniques de manipulation, vous aurez les armes nécessaires pour agir plus librement et reprendre le plein contrôle de votre existence.

Avant…

Ce matin, c'est shopping pour Aurélie : elle a repéré une jupe et s'est finalement décidée à l'acheter parce qu'elle était en solde. D'abord, un petit détour par le distributeur devant lequel elle se fait alpaguer par un inconnu : *« Madame, vous vous rendez au travail ? Non ? Vous avez donc 5 minutes à nous consacrer. Nous collectons des fonds pour une association qui soutient la Poldavie. Je ne vous apprends pas bien sûr que la guerre et la famine ont décimé le pays et que les orphelinats ne survivent que grâce à de généreux donateurs comme vous. Avec notre association, dont vous avez sans doute déjà entendu parler à la télévision, nous avons déjà pu construire 30 orphelinats… »* Aurélie donne un billet de 10 euros, persuadée d'avoir fait une bonne action.

Elle entre ensuite dans le magasin. Une chance, la jupe qu'elle convoite existe encore dans sa taille. À la caisse, surprise, la vendeuse lui annonce que la promotion ne vaut plus depuis le matin : *« C'est trop bête, on aurait dû enlever le panneau, je viens d'enregistrer la transaction, je vais être obligée d'appeler le gérant, à moins que vous ne la preniez quand même ? »* Aurélie la prend.

De retour chez elle, coup de téléphone : c'est Emma, une copine de fac qui vit dans le Sud et qu'elle a retrouvée par Facebook. Elle doit venir dîner mais elle a des problèmes avec son hôtel. Devant son embarras, Aurélie lui propose de l'héberger. Emma est soulagée, avant de raccrocher, elle lance : *« Merci, tu me sauves la vie, t'es vraiment une bonne copine. Mais surtout ne mets pas les petits plats dans les grands, Hadrien et les filles ne sont vraiment pas difficiles ! »*

Il est 18 heures, Aurélie a passé l'après-midi à faire la cuisine et à chercher des matelas. Elle a la curieuse sensation de s'être fait avoir…

Pourquoi j'en suis là ? Qu'est-ce qui s'est passé ?
Dior

Chapitre 1

Qu'est-ce que la manipulation ?

La communication est influence : je lis tel livre parce qu'on me l'a conseillé, j'ai voté pour ce candidat parce que ses arguments ont su me toucher, je n'aurais sans doute jamais rencontré mon mari si on ne me l'avait présenté… Dès lors, comment déterminer où commence la manipulation et où finit l'influence ?

Définition

Manipuler :

1. Manier avec soin en vue d'expériences, d'opérations scientifiques ou techniques
2. Manier et transporter
3. Amener quelqu'un par des voies détournées, à faire ce qu'on veut.

« Par des voies détournées » est un élément essentiel de définition, il différencie la manipulation de l'influence quotidienne et de la simple demande.

« À faire ce qu'on veut » : autre point capital, le résultat de la manipulation profite au manipulateur, pas à la personne manipulée. On pourrait ajouter « et qu'il n'aurait sans doute jamais fait sans cette opération ».

Un peu de latin

Manipuler vient du latin manipulare, conduire par la main.

Manipulation… et manipulation

Il existe plusieurs types de manipulation. De la plus bénigne à la plus destructrice, les identifier permet d'y échapper.

La manipulation bénigne

C'est celle que l'on appelle plus communément *influence*. On la pratique tous les jours sans même y penser. C'est le conseil qu'on donne à un ami ou à ses enfants, le disque qu'on offre à sa mère, l'argument qu'on choisit de présenter en dernier pour convaincre. Sans le vouloir et de manière totalement innocente, nous mettons quotidiennement en œuvre des techniques de manipulation. Seulement, personne ne viendra s'en plaindre : à la différence des autres types de manipulation, cette « gentille » manipulation vise le bien-être de la personne manipulée. On conseille à son fils de se laver les dents pour qu'il évite les caries, on achète un disque à sa mère parce qu'on pense qu'il va lui plaire, on choisit ses arguments pour présenter un projet qu'on considère comme le meilleur.

La manipulation égocentrique

Cette dernière ne vise, elle, que la satisfaction du manipulateur : les besoins divers (argent, voiture, services…), le chiffre d'affaires de sa société, la volonté de se faire bien voir d'un collègue… Elle est simple, efficace, mais rapidement mise en lumière et la plupart du temps, comme le corbeau, *« honteux et confus »*, on *« jur*[e], *mais un peu tard, qu'on ne* [nous] *y prendr*[a] *plus. »*

La manipulation malveillante

C'est l'œuvre du pervers narcissique, encore appelé manipulateur. Elle ne vise qu'à détruire. On la rencontre dans les cas de harcèlement moral, au travail mais aussi en famille, ou encore dans des histoires de sectes. Celle-là est plus insidieuse et s'installe sur le long terme : l'individu manipulé est incapable de se rendre compte de ce qui lui arrive et se retrouve bientôt isolé, seul aux prises avec son bourreau qui dévoile peu à peu son vrai visage et le fait vivre dans la crainte. Être manipulé de la sorte, même quand on en réchappe, laisse des traces à tout jamais.

C'est à vous ! De quel type de manipulation s'agit-il ?

1. Depuis qu'elle sort avec Pierre, Amélie ne voit plus sa meilleure amie. Il l'a convaincue qu'elle avait une mauvaise influence sur elle.

2. Arthur a repéré un magnifique manteau en solde… Il ressort du magasin avec une veste pour l'été de la même marque, mais pas du tout en solde !

3. Philippe ne voulait pas lire le dernier Houellebecq, mais sa sœur le lui a offert. Il s'est senti obligé de le lire et il a adoré.

4. Audrey n'ose pas postuler à ce boulot qui la fait rêver. Elle est terrifiée à l'idée que son employeur actuel ne l'apprenne et ne la renvoie.

Réponses : 1, manipulation malveillante, 2, manipulation égocentrique, 3, manipulation bénigne, 4, manipulation égocentrique ou malveillante selon les cas.

Chapitre II

Le terreau de la manipulation

Nul besoin d'être simple d'esprit ou dépressif pour tomber dans les filets d'un manipulateur. Chacun possède en lui les qualités du candidat idéal à la manipulation. Le manipulateur n'a rien d'un magicien, il sait juste utiliser à bon escient nos réactions naturelles, nos vilains défauts et nos sentiments.

C'est à vous !

D'après vous, parmi ces caractéristiques, quelles sont celles sur lesquelles la manipulation va s'appuyer ?

- Constance
- Gentillesse
- Indépendance
- Vanité
- Sens du sacrifice
- Conformisme
- Jalousie
- Peur
- Faiblesse
- Égoïsme
- Amour

Pourquoi à votre avis ?

....

....

....

Vous pourrez revenir sur cette activité à la fin du chapitre et comparer vos réponses avec ce que vous aurez appris.

L'engagement et l'effet de gel

En règle générale, nos comportements sont cohérents. Quand nous décidons de faire quelque chose, nous le faisons. De même nous ne cessons de poursuivre un but, d'aimer quelque chose ou d'avoir une opinion d'une seconde à l'autre. Cet effet est renforcé en présence de témoins : je peux difficilement m'engager à rendre service à un ami puis me rétracter aussi sec. C'est sur cette dynamique naturelle que s'appuie la manipulation : vous amener à vous engager ou vous le faire croire de sorte que, de vous-même, vous continuiez sur cette lancée.

C'est à vous ! Jeu de rôles

Imaginez. On vous aborde au rayon librairie de votre supermarché, vous êtes en train de feuilleter un livre qui traite des animaux en voie de disparition.

« C'est vraiment moche, on devrait tous faire quelque chose. »

Vous acquiescez et vous échangez avec l'inconnu quelques propos concernés. « Ça tombe bien, il y a une association qui récolte des fonds juste en face, dans la galerie marchande », vous explique votre interlocuteur.

Comment vous sentez-vous ? Qu'allez-vous faire ?

Imaginez maintenant que votre interlocuteur, qui sait bien que « c'est la crise pour tout le monde », vous ait précisé que « chaque petit euro est vraiment le bienvenu » ! Convaincu, vous vous rendez devant le stand de l'association, bien décidé à faire don de 2 euros.

Sur place, après vous avoir félicité pour votre prise de position, on vous annonce que le don minimum est de 10 euros...

Que faites-vous ?

Le piège abscons

C'est l'effet pervers de l'engagement, le piège dans lequel on s'enfonce tout seul. Cela arrive quand on prend une décision qui s'avère mauvaise et, plutôt que de revenir dessus, comme on a déjà investi (du temps, de l'énergie, de l'argent…) dans cette décision, on s'obstine et les erreurs s'accumulent en conséquence. Vous avez emprunté la mauvaise sortie d'autoroute et plutôt que de rebrousser chemin dès que possible vous vous aventurez en terre inconnue jusqu'à finalement vous perdre complètement.

Liberté et libre arbitre

Personne n'aime recevoir d'ordre ni se sentir contraint. De fait, toute l'habileté du manipulateur consiste à vous faire croire que vous êtes entièrement libre de faire ce qu'en fait il est en train de vous faire faire. Vous serez d'autant plus engagé que vous aurez la conviction d'avoir fait un choix en toute objectivité.

Le coin du psy

Avez-vous déjà été pris dans un piège de cet acabit ? Racontez.

C'est à vous !

À votre avis, quelles sont les requêtes les plus susceptibles d'aboutir ?

- « Tu viens avec moi à l'anniversaire de Quentin, c'est même pas la peine de discuter. »
  « C'est l'anniversaire de Quentin, tu fais ce que tu veux – tu viens, tu viens pas –, moi j'y vais ! »
- « Prenez cet aspirateur, il possède toutes les qualités et il est en promo. »
  « Prenez cet aspirateur, il possède toutes les qualités et il est en promo. Vous savez de toute façon que vous avez une semaine pour vous rétracter, vous êtes entièrement libre de nous le rendre. »
- « Dugommier, on est vraiment à la bourre sur ce dossier, vous allez devoir rester plus tard ce soir. »
  « Dugommier, on est vraiment à la bourre sur ce dossier, bien sûr vous pouvez partir à l'heure, mais si vous pouviez rester plus tard… »

De nombreuses expériences ont mis en évidence que, devant la même demande, les personnes auxquelles on avait précisé qu'elles avaient le choix étaient plus enclines à se plier à la requête.

Auriez-vous réagi de la même façon si l'on n'avait pas fait mention à votre liberté ?

Le besoin d'appartenance

Chacun de nous appartient à une ou plusieurs communautés. Celles-ci sont basées sur des souvenirs, des goûts ou encore des valeurs communs. Il y a le cercle restreint de la famille, celui des amis, des collègues, mais aussi des cercles plus vastes comme celui d'une génération ou des habitants d'un pays ou plus spécifiques comme les fans d'un artiste. Bien sûr, le groupe se nourrit de l'individualité de ses membres, mais il impose également une culture et un système de pensée que l'individu doit faire siennes s'il veut être reconnu comme légitime. Cela n'a rien de répréhensible en soi, sauf si par paresse, on profite du mouvement de groupe pour ne plus réfléchir. Pourtant c'est un fait, confronté à une situation inédite qui nous désarçonne, on a tendance à calquer son comportement sur celui de ses pairs… parfois en dépit du bon sens.

Souvenez-vous

On a tous suivi un jour un copain dans une bêtise et on s'est tous fait réprimander de la même façon… « Et si ton copain avait sauté d'un pont, tu l'aurais fait aussi ? »
On n'écoute pas assez ses parents…

L'image de soi

Il y a l'image que l'on a de soi et celle que l'on renvoie aux autres. Le plus souvent nous faisons en sorte que les deux coïncident. Mais quand il y a déséquilibre ou risque, nous agissons pour stabiliser la balance.
Si l'on me fait un compliment, je vais tâcher de m'en montrer digne. Si l'on ne cesse de me dire que je suis généreux, je vais sans aucun doute faire preuve de générosité pour perpétuer et continuer de mériter cette image.
De la même façon, j'aurais à cœur que personne ne pense que je suis insensible. Personne, pas même ce total inconnu rencontré dans la rue, c'est pourquoi lorsqu'il me demande si je me sens concerné par la cause (évidemment noble) qu'il défend, je ne peux m'empêcher de lui répondre par l'affirmative. Et la manipulation de commencer…

Le coin du psy

Le regard des autres compte-t-il beaucoup pour vous ?

Pensez-vous être sensible à ce genre de manipulation ?

Par le bout des sentiments

Il est bien plus facile et efficace de manipuler quelqu'un par les sentiments que par la raison. Cela tombe sous le sens : si on était tout le temps raisonnable, on ne se ferait pas avoir !

L'amour et l'amitié

Tout le monde veut se faire aimer et la peur de perdre ou de blesser celui où celle à qui l'on tient est un puissant moteur dans nos actions. C'est également l'arme principale du chantage affectif. Explicite ou déguisée, cette pratique est une forme de manipulation qu'il convient de ne pas ignorer sous peine de se voir enfermé dans une relation malsaine voire destructrice.

> « Si c'est la raison qui fait l'homme, c'est le sentiment qui le conduit. »
>
> **Jean-Jacques Rousseau**

Si petits et déjà manipulateurs

Observez les enfants : le chantage affectif est un art qu'ils apprennent à maîtriser dès leur plus jeune âge.
« Si tu me prêtes pas ta poupée, je suis plus ta copine ! »

La culpabilité

On a l'habitude quand quelqu'un nous rend service de lui être redevable. La manipulation peut jouer sur cette dette et sur la culpabilité qu'elle est susceptible d'engendrer si elle n'est pas remboursée pour arriver à ses fins. C'est le célèbre : *« Après tout ce que j'ai fait pour toi ! »*

L'angoisse

La peur est un terreau fertile pour le manipulateur. Créer des images au fort potentiel anxiogène est un art dans lequel excellent les sectes, les partis politiques, mais aussi les vendeurs d'alarmes ou de systèmes de sécurité, par exemple…

L'empathie et l'indignation

Quel monstre n'est pas saisi d'empathie devant des enfants abandonnés, des malades qui souffrent, les ravages de la famine, de la guerre, etc. ? Une fois touché en plein cœur par cette misère, il y a fort à parier que vous ne vous soucierez plus de la légitimité de celui qui tente de vous escroquer.

L'admiration et le réflexe de soumission

Certaines personnes sont naturellement dotées de charisme, elles sont sûres d'elles, inspirent le respect… à tel point qu'il ne vous viendrait pas à l'idée de remettre en question ce qu'elles vous disent. Parfois, c'est juste le prestige de l'âge ou de la profession : à moins d'être vous-même de la partie, qu'iriez-vous opposer aux arguments de quelqu'un qui se prétend médecin, avocat ou professeur ?

Chapitre III

Techniques de manipulation usuelles

Manipuler est tout un art, soigneusement étudié par les psy et les sociologues. En connaître les techniques peut aider à identifier la manipulation et s'en défaire plus facilement.

Le coin du psy

Essayez de vous rappeler la dernière fois que vous avez eu l'impression de vous faire avoir. Racontez.

Sauriez-vous identifier la technique utilisée par votre manipulateur ?

L'amorçage

Comme le pêcheur, le manipulateur doit appâter sa proie pour mieux la piéger. Le premier échange est primordial, il permet d'ouvrir la porte (réelle ou métaphorique) par laquelle va s'engouffrer le manipulateur. La technique de l'amorçage consiste à extorquer une décision à la victime sans lui montrer le tableau dans son ensemble – tableau dissuasif évidemment.
La personne bernée a l'impression de ne prendre qu'une décision mais elle en prend en réalité deux consécutives puisque la première décision n'aboutira pas.

Arnaque ou marketing ?

Un magasin de prêt-à-porter vient d'ouvrir dans le quartier.
Pour attirer le chaland, des jeunes filles distribuent de jolis sacs qui contiennent un gant. Pour avoir le deuxième gratuitement, il suffit de se rendre dans la boutique. Là, on se rend vite compte que ce cadeau est en fait soumis à l'achat d'un autre article de la boutique.

Le leurre

Le leurre est une technique d'amorçage particulière. Pour reprendre la métaphore de la pêche, le manipulateur utilise ici un leurre au lieu de vers. En d'autres termes, il vous fait espérer un avantage fictif pour vous extorquer une décision. Une fois le processus d'engagement en route, il vous annonce que les termes de l'accord ont changé, à ce moment-là, vous avez l'illusion que vous ne pouvez plus revenir en arrière.

Philippe rechigne à assister à un repas avec les collègues de bureau de sa femme, Claire. Il se laisse finalement convaincre parce qu'elle lui a assuré qu'il ne serait pas seul, que les conjoints de ses collègues seraient présents également. Le jour dit, il apprend que le mari d'une telle est malade et qu'un autre est retenu à son travail. Pourtant, il assiste au dîner...

La vente à la perruque

La cible de cette arnaque : les personnes âgées. Le téléphone sonne en général au milieu de l'après-midi et la personne qui répond se voit offrir une magnifique assiette en porcelaine de « premier choix ». Elle est invitée à venir la récupérer dans un lieu où on lui présentera, ainsi qu'à d'autres personnes sélectionnées « pour leur goût sûr », d'autres articles d'une rare finesse. Là-bas, ils apprendront éberlués, qu'ils ont gagné un magnifique service complet, à condition bien sûr qu'ils acceptent de faire graver leurs initiales dessus. Pour la modique somme de...

Le pied dans la porte

Dans ce cas, il s'agit de faire précéder la demande (dont on sait qu'elle a peu de chances d'aboutir si elle est formulée directement) d'une autre dont le coût est moindre. Là encore, il s'agit de vous amener à vous engager par une première décision.

Un inconnu vous demande de but en blanc de lui prêter votre téléphone portable. Si ennuyé et honnête qu'il ait l'air, il y a de fortes chances que vous passiez votre chemin. Sa requête aura plus de chance d'être satisfaite s'il commence par vous demander l'heure : *« Excusez-moi, vous pourriez me donner l'heure s'il vous plaît ? Quinze heures trente ? Mince je n'y serai jamais. Je suis vraiment embarrassé, mais j'ai vraiment besoin de téléphoner… »*

Le coin du psy

Pas besoin d'être manipulateur pour adapter son discours à son interlocuteur. Souvenez-vous la dernière fois que vous avez demandé quelque chose de délicat à quelqu'un dont vous n'étiez pas sûr de la réaction. Racontez.

Le pied dans la bouche

On dit que la politesse ouvre toutes les portes. Cela se vérifie une fois de plus avec cette petite astuce qui a fait ses preuves : elle consiste à faire précéder la requête d'une formule de type : « Comment allez-vous ? », « Bonne journée aujourd'hui ? »

Des catalyseurs de manipulation

- **Le toucher**

Il a été prouvé qu'un simple toucher (une petite pression sur le bras par exemple) pouvait renforcer l'efficacité d'une requête.

- **L'étiquetage**

Reprenons l'exemple du téléphone portable : vous vous arrêtez pour donner l'heure. Votre interlocuteur vous remercie en ajoutant : « C'est fou, ça fait 10 minutes que je demande, vous êtes le premier à vous arrêter, les gens sont si égoïstes… » Félicitations, vous venez d'être étiqueté comme n'appartenant pas à cette partie de la population. Après cette distinction, allez-vous persister dans cette voie ou rejoindre les égoïstes ?

La technique de la porte au nez

Cette technique de manipulation est bien connue des commerciaux. Il s'agit de faire précéder la réelle demande d'une autre dont on est sûr qu'elle sera refusée tant son coût (en temps, en argent, en énergie…) est important pour la personne.

• **L'amorçage :** on vous fait part de l'idée qui sous-tend la demande, idée à laquelle vous ne pouvez qu'adhérer.

« Tu sais, depuis cette histoire de crédit, je suis vraiment dans le pétrin niveau argent. »

« Cela fait longtemps qu'on n'a pas rendu visite à mes parents, on va être obligé d'y aller, là. »

« Internet est une mine d'informations, mais comment trouver une source fiable – pour les enfants, notamment ? »

• **La demande exorbitante :** c'est sûr, vous n'allez jamais accepter.

« Ça me gêne de te demander ça, mais tu pourrais me prêter 1500 euros ? »

« Ils ont loué une maison à la mer pour les vacances, on pourrait aller y passer une semaine ? »

« Que diriez-vous d'investir dans une encyclopédie en 16 volumes – vous pourrez payer en plusieurs fois, 800 euros est une somme, nous en sommes conscients. »

• **La vraie demande :** vous avez dit « non » une fois. Cela vous a coûté parce que vous étiez d'accord sur le principe. La demande qui suit va vous permettre de sauver la face : c'est une porte de sortie honorable… et une habile manipulation.

« Une semaine c'est long, je sais pas à quoi je pensais. Tu sais ce qu'on pourrait faire ? Juste y passer deux jours sur le chemin de nos vacances… »

« Tu as raison, j'abuse… Tu sais, si tu me prêtais 150 euros, je pourrais payer mon loyer, ça m'aiderait vraiment à y voir plus clair. »

« Vous seriez sans doute intéressé par la version DVD de cette encyclopédie, bien moins encombrante et bien plus abordable. »

Cette technique fonctionne dans la plupart des cas. Votre premier refus, bien loin de couper court aux désirs de votre interlocuteur, lui a ouvert la porte… et elle est d'autant plus ouverte si vous avez cherché à vous justifier.

Parfois, la manipulation aura été si habile que c'est vous-même qui aurez formulé cette demande…

Le pied dans la mémoire

Il s'agit d'une méthode plus subtile bien souvent utilisée dans la prévention. Elle consiste à faire se souvenir le sujet d'un comportement qu'il sait répréhensible (ne pas respecter le code de la route, gaspiller de l'eau, etc.). Une fois cet effort fait, on peut être sûr que le sujet y repensera à deux fois si l'occasion se représente.

Petite manipulation domestique

Votre enfant sait pertinemment qu'il faut regarder à droite et à gauche avant de traverser la route. Mais l'habitude prend souvent le pas sur les meilleures volontés. Engagez-le à se remémorer précisément son dernier trajet et à se demander s'il a ou non effectué cette démarche à chaque fois qu'il a traversé la rue. S'il se prête sérieusement à l'exercice, il y a de fortes chances qu'il y repense la prochaine fois que la situation se présentera.

La technique peur/soulagement

Vous connaissez le couple bon flic/méchant flic des séries télé. Pour que le suspect passe à table, on le fait d'abord interroger par le méchant qui semble capable de tout. Au moment où le suspect croit qu'il va dépasser les bornes et commence à avoir vraiment peur, le gentil flic arrive et prend la relève. Soulagé, le suspect avoue tout.

Au quotidien, la demande peut aussi n'avoir aucun rapport avec l'épisode crainte/soulagement. Imaginez un manager qui souhaite demander une tâche très ingrate à l'un de ses employés. Il peut lui demander directement et se voir opposer un refus catégorique, ou bien il peut laisser planer le doute quant à des licenciements, parler de la crise, puis convoquer la personne en question. Au moment du rendez-vous, il pourra la rassurer, dès lors il sera très facile de lui imposer ces nouvelles tâches.

Le bon coin

Il y a des lieux où l'on peut être sûr de rencontrer des gens qui viennent d'éprouver une grande peur puis un grand soulagement. Le bon endroit et le bon moment pour leur faire avaler n'importe quoi ! Quels sont-ils ?

Réponses possibles : laboratoire d'analyses, maternité, hôpital, tribunal, école (résultats d'examen), poste de police...

Devins et faux prophètes

La magie n'existe pas, pas plus que la voyance. Là aussi, tout repose sur des techniques très précises visant à manipuler le sujet en demande de réponses.

L'effet puits ou effet Barnum

C'est la méthode utilisée par l'horoscope : une description suffisamment générale et vague pour que tout le monde puisse s'y retrouver. Voici une prédiction :

> **Verseau.** Amour : si vous êtes en couple, la conjonction de Mars et Vénus fera que vous tenterez de trouver des solutions aux difficultés qui se présentent. Si vous êtes encore à la recherche de l'âme sœur, ouvrez l'œil et le bon ! L'amour n'est peut-être pas là où vous l'attendez !

Cette prédiction pourra satisfaire tous les publics, elle est suffisamment vague pour que chacun y trouve son compte. C'est l'histoire personnelle de chacun qui va nourrir la prédiction : si je suis en couple, il y a forcément des difficultés qui se présentent qu'elles soient négligeables ou importantes (choisir le programme télé, avoir un enfant ou pas, etc.). Quoi de plus naturel que de chercher à la résoudre ? Si je suis célibataire, soit je trouve l'amour ce mois-ci (s'il est là où je l'attendais, ça ne veut pas forcément dire qu'un autre ne m'attend pas ailleurs), soit je ne le trouve pas, auquel cas, je n'aurai pas ouvert le bon œil. Dans tous les cas, je pourrais me reconnaître.

Phineas Taylor Barnum, entrepreneur américain du XIXe siècle, est principalement connu pour son cirque, le cirque Barnum. L'idée révolutionnaire qui fit son succès ? Un peu de tout pour plaire et distraire tout le monde !

C'est à vous !

Amusez-vous à mélanger les horoscopes du mois dernier et proposez-les à vos amis sans tenir compte de leur signe astrologique. Quelles sont leurs réactions ? Arrivent-ils à se reconnaître ?

Contrôle des connaissances

Bien sûr, toutes ces techniques peuvent être combinées à loisir pour plus d'efficacité.

Voici quatre situations. Saurez-vous reconnaître les techniques et les ressorts psychologiques mis en œuvre ?

1. – Papa, t'as pas oublié mon anniversaire ?
– Mais non voyons ! Je sais que 16 ans c'est important !
– Pis j'ai fait vachement d'efforts à l'école, comme tu m'avais demandé !
– C'est vrai, ça mérite une récompense.
– Ben justement, tu crois qu'on pourrait louer une salle pour faire une fête avec les copains ?
– Une salle ? Ça me paraît disproportionné…
– Pfff… même quand on fait des efforts, tu veux pas qu'on fasse des trucs, je suis dégoûté.
– Mais non, on pourrait réfléchir à autre chose, tu pourrais faire une fête à la maison ?

2 – Voilà le dossier que vous m'avez demandé.
– Merci, je savais que je pouvais vous faire confiance, vous n'êtes pas là à compter vos heures comme certains de vos collègues…
– C'était la moindre des choses, en plus ça ne m'a pris que 5 minutes.
– Pendant que vous êtes là, pensez-vous que vous pourriez jeter un œil au dossier Dubois avant de partir ?

3 – Plus que tout autre, vous devez vous préoccuper du sort des orphelins
– C'est vrai que depuis que je suis moi-même mère…
– Nous collectons des dons si vous voulez. Rassurez-vous, vous êtes entièrement libre de donner et le moindre petit euro est bienvenu.
– Je vais voir ce que j'ai sur moi, je suis un peu juste en ce moment.
– C'est drôle, c'est souvent les gens les moins à l'aise qui sont les plus généreux. En moyenne, ils donnent dans les 10 euros.

4 – Ma chérie, tu sais que j'ai passé un scanner à cause de mes maux de tête ?
– Euh non, tu me l'avais pas dit…
– Ça m'arrive tout le temps en ce moment.
– Mais, euh, tu aurais dû m'en parler, mais euh bon tant pis… Et, tu auras les résultats quand ?
– Je les ai.
– Et ?
– Le médecin dit qu'il n'y a rien, ça doit juste être de la fatigue.
– Ouf ! Tu m'as fait peur !
– Pas autant que moi ! Tu viens dîner cette semaine, j'espère ?

Test

Êtes-vous influençable ?

1. Un de vos amis a pris l'habitude vous appeler « petite boule »...

▼ C'est dur, mais après tout, il n'a pas vraiment tort...

● Vous le prenez à part pour lui dire d'arrêter.

■ Vous l'insultez de la même façon en public.

2. Votre devise serait plutôt :

● « Wait and see. »

■ « L'habit fait le moine. »

▼ « Il ne faut pas juger un livre à sa couverture. »

3. Un ami essaie de vous emprunter de l'argent pour la troisième fois ce mois-ci.

▼ Ok, mais c'est la dernière fois.

■ Aucune de vos amis ne s'y risquerait.

● Cette fois, c'est non.

4. Vous êtes en désaccord avec votre conjoint(e) :

▼ Vous finissez par céder, sinon il n'y a pas d'issue possible.

■ Vous restez sur vos positions quoi qu'il advienne.

● Vous discutez pour essayer de trouver un compromis.

5. Au travail, on vous refuse une augmentation en vous laissant entendre que vous ne donnez pas satisfaction.

● Vous demandez un rendez-vous pour en savoir plus.

▼ Vous redoublez de zèle.

■ Vous donnez votre démission.

6. Votre enfant vient de ranger sa chambre. Vous êtes :

■ Méfiant(e).

▼ Gaga.

● Surpris(e).

7. L'horoscope…

▼ Vous trouvez souvent qu'il dit vrai.

● Vous n'avez pas l'habitude de le lire. Mais parfois l'été, sur la plage…

■ Vous ne le lisez pas par principe.

8. Vous êtes à la terrasse d'un café, un inconnu vous offre des fleurs et s'installe à votre table.

● Vous lui accordez 5 minutes, le temps de voir s'il a de la conversation.

▼ Vous vous sentez obligé(e) de lui offrir un verre pour le remercier.

■ Vous lui demandez fermement de partir.

9. Les ragots au bureau…

● C'est toujours amusant à entendre mais il faut les prendre pour ce qu'ils sont.

■ Pas question de se prêter à ce genre de bêtises.

▼ Sont toujours une bonne source d'informations, on nous cache tant de choses…

Résultats page 192

Chapitre IV

Dans les rets du pervers narcissique

Les techniques décrites précédemment sont largement utilisées pour les manipulations égocentriques dont les conséquences sont certes déplaisantes mais rarement dramatiques. Nous allons nous intéresser maintenant à la manipulation malveillante. Il s'agit bien moins de technique à proprement parler que d'une emprise progressive et destructrice sur l'individu.

« La manipulation des élites est encore plus facile que celle des masses. »

Dialogue du film *Tout le monde il est beau, tout le monde il est gentil*, de Jean Yanne

La manipulation malveillante n'est pas l'apanage des sectes. Elle peut faire son nid au travail, en famille, au sein même du couple. La progression de l'emprise suit une logique immuable, c'est un piège qui va se refermer doucement et sûrement sur la victime jusqu'à complètement l'aliéner.

Un peu de latin

Aliéner vient du latin alienus, étranger, lui-même issu de alius, autre.

Définition

Emprise : domination intellectuelle ou morale.

Le harcèlement moral

C'est par ce procédé que le manipulateur va isoler et aliéner sa proie.

Étape 1 : La fascination

Comprenez fascination au sens envoûtement, charme, magnétisme. Le manipulateur va immédiatement capter toute l'attention de sa proie. Ce peut être cet homme qui a l'air de me comprendre si bien, ce patron sûr de lui qui a décidé de me prendre sous son aile ou cette voisine si sympathique qui a décidé de m'aider pour mes travaux alors qu'on se connaît à peine.

Dès le début, le manipulateur va occuper une grande place : il va prendre votre espace et votre temps. Le but de cette phase ? Monopoliser votre attention, gagner la confiance et faire tomber toute méfiance de votre part.

Ses armes pour nous captiver

• **Le regard :** il est fort, hypnotique, parfois dérangeant. Il laisse en tout cas l'étrange impression qu'on ne peut y échapper.

• **Les mots :** le manipulateur parle beaucoup. Il a l'air de tout savoir et quand il ne vous fait pas bénéficier de son savoir, il laisse entendre qu'il détient des secrets que vous ne sauriez soupçonner en parlant de manière énigmatique.

• **Le toucher :** le manipulateur est tout de suite très proche, il établit un contact physique constant.

• **L'odeur :** un parfum entêtant peut aussi être une manière de rendre une présence obsédante.

Pour endormir votre vigilance, le manipulateur fera en sorte de ne pas dévoiler son vrai visage et s'arrêtera toujours juste au bon moment pour vous conforter dans votre illusion.

« Agathe, j'aurais bien aimé passer chez toi ce soir, mais tu vas finir par croire que je te colle... »

Le coin du psy

Avez-vous déjà rencontré une personne de ce type ? Une personne de prime abord trop sympathique ou trop entreprenante ? Qu'en avez-vous pensé ?

Étape 2 : Le masque se craquelle

Le comportement du manipulateur va évoluer petit à petit. Cela peut commencer par des remarques cyniques ou insidieuses qu'il sera facile d'oublier ou de pardonner. Puis elles vont devenir systématiques et, surtout, de plus en plus violentes. Tout se passe comme si le manipulateur se défoulait sur sa victime, qui, ayant encore le souvenir frais de la période de fascination, pense naïvement que ce n'est qu'un passage à vide. Quand le mécanisme est bien enclenché, il est quasiment impossible de s'en échapper.

La victime est isolée

Soit le manipulateur lui fait comprendre que son entourage est nuisible, soit il l'empêche d'avoir des rapports avec l'extérieur (en mobilisant tout son temps) ou par du chantage affectif, soit l'entourage se détourne de lui-même devant tant de changement. En entreprise, cela peut simplement consister à changer le bureau du collaborateur : lui donner un bureau plus petit, plus isolé, des horaires décalés… Ainsi mise de côté, la victime perd repères et points de comparaison. Dans bien des cas, elle est également ignorée de son bourreau. Il ne l'écoute pas ou déforme ses propos, la repousse constamment. Il agit comme si toute communication avec elle était une perte de temps signifiante.

« Quand j'ai commencé à remettre en question le management de notre service, ma chef m'a mis sur un projet bidon — une tâche de fond — et m'a fait transférer dans un petit bureau à l'autre bout du bâtiment sous prétexte que j'y serais plus tranquille pour travailler. »

Le phénomène des faux souvenirs induits

Il s'agit, pour le manipulateur qui s'est autoproclamé thérapeute, de faire croire à sa victime qu'il a, pendant son enfance, été victime de maltraitance (le plus souvent sexuelle). La prétendue thérapie va faire « ressortir » ces souvenirs par le biais de suggestions ou d'interprétations savamment distillées si bien qu'à la fin le « patient » sera bel et bien persuadé de leur véracité. Ce phénomène est de plus en plus dénoncé dans le cas de dérives sectaires, c'est un moyen très efficace d'isoler de manière radicale la personne de son entourage.

Son estime de soi est constamment mise à mal

Les opinions et les sentiments de la victime sont niés. Le manipulateur insuffle le chaud et le froid de manière à ce que la personne manipulée ne sache plus comment agir : c'est le phénomène de la *double contrainte*. La personne harcelée, quoi qu'elle fasse, peut être sûre que ce ne sera jamais satisfaisant.

> « Dans la boîte où je bossais, on nous accusait toujours de n'être pas assez proactifs, de ne pas prendre d'initiatives. Quand on osait finalement faire une proposition, c'était un crime de lèse-majesté : il y avait une hiérarchie à respecter, on n'était pas payés pour avoir des idées, être professionnel, c'était savoir rester à sa place. »

Étape 3 : Conclusion ?

Le harcèlement n'a pas vocation à cesser : il dure tant que la victime ne craque pas. On connaît les conséquences médiatiques du harcèlement en entreprise, mais le plus souvent, les gens se contentent de démissionner ; dans très peu de cas, elles portent plainte, bien trop effrayées des représailles. Dans le cas du harcèlement domestique, la prise de conscience est difficile : à la douleur quotidienne s'ajoutent la honte de s'être laissé embarquer dans une situation toxique et la culpabilité d'y être peut-être pour quelque chose. Il faut du courage et de l'aide pour tirer un trait sur ce genre de relation.

Les effets du harcèlement

Fatigue, déprime, maux récurrents (céphalées, maux de ventre) sont des signes à prendre en compte. Mais la plupart du temps, la personne manipulée ne laisse rien voir de son malaise. Comme le manipulateur, elle fait bonne figure, elle donne le change et personne ne s'aperçoit de ce qui se joue réellement.

Le coin du psy

Quand vous êtes contrarié ou soucieux, avez-vous tendance à tout garder pour vous ou à communiquer sur votre mal-être ? Racontez.

Le syndrome de Stockholm

Ce phénomène, étudié pour la première fois lors du braquage d'une banque à Stockholm en 1973, désigne la propension qu'ont les otages – sur une durée relativement longue – à prendre le parti de leur ravisseur. Il s'explique par une sorte de réflexe de survie élémentaire, c'est ce même genre de phénomène que l'on rencontre chez les personnes harcelées qui trouvent toujours de bonnes raisons à celui qui les oppresse.

Chapitre V

Échapper aux manipulateurs

Vous savez maintenant quelles sont les armes du manipulateur et comment reconnaître la manipulation. Seulement, cela ne suffit pas toujours à y échapper. Quelques trucs et un peu d'entraînement devraient vous armer efficacement.

Écoutez votre petite voix

« Faudrait pas devenir parano, non plus ! »

Il ne s'agit pas de voir le mal partout et de se méfier de tout le monde. Il y a des gens en qui vous pouvez avoir confiance et qui ne cherchent pas à abuser de votre gentillesse ou de votre crédulité. Bien sûr. Mais attention, sous prétexte de ne pas sombrer dans la parano ou le délit de sale gueule, on a souvent tendance à faire taire la petite voix qui nous dit : *« Il a pas l'air net, celui-là »* ou *« Il y a un truc qui me dérange chez elle, mais je vois pas quoi… »* Cette voix a souvent raison, mais hélas, il est souvent trop tard qu'on s'en aperçoive.

Le coin du psy

Avez-vous déjà fait taire cette petite voix ? Racontez…

Les règles d'or

Prendre de la distance

Le manipulateur cherche à vous prendre de court, il vous embrouille dans un système de références qui sont siennes, de sorte que vous n'avez momentanément pas de point de comparaison ni de perspective. Prenez un peu de recul et essayez d'envisager la situation avec objectivité.

C'est à vous ! Entraînement

Soyez votre propre objet d'étude : observez vos comportements sur une journée et notez toutes les fois où vous avez eu à prendre une décision.

Décision : ……………………………………………………………

Contexte : ……………………………………………………………

Pourquoi ai-je pris cette décision ? ……………………………………

Sur quels critères me suis-je décidé ? …………………………………

Que vais-je en retirer ? ………………………………………………

Si je comprends bien…

Reformuler la demande de votre interlocuteur peut vous aider. Cela le mettra lui aussi en face de ses contradictions.

« Si je comprends bien, tu veux que je te donne à nouveau une somme importante que je suis sûr de ne jamais revoir ? »

« Ce que tu me demandes, c'est de sacrifier nos deux premiers jours de vacances pour les passer chez tes parents ? »

« En somme, vous me demandez de m'endetter sur 10 mois pour une encyclopédie dont vous seul pouvez me garantir la qualité du contenu ? »

Les questions que vous devez vous poser :

- **À qui profite cette opération ?**
- **Qu'ai-je à y gagner ?**

Prendre son temps

Dans les cas de manipulation, on est souvent contraint de se décider sur le champ, d'ailleurs c'est souvent ce critère qui met la puce à l'oreille. Ne vous laissez pas voler le temps de la réflexion. Si votre interlocuteur persiste dans le registre de l'urgence… méfiance, il y a anguille sous roche !

Mettez ces petites phrases à votre vocabulaire

« J'ai bien compris, mais il faut que j'y réfléchisse. »
« Donnez-moi vos coordonnées, je vous rappelle. »
« C'est une décision qui ne se prend pas à la légère, je vais avoir besoin d'y penser. »
« Je suis occupé là, je consulte mon agenda et je te dis si je suis disponible dans une heure. »

Apprenez à dire non !

Dire « non » n'est pas chose aisée, on le sait, mais avec un peu d'entraînement, tout devient plus facile.

« Je ne vois pas comment m'en sortir »

Quand vous sentez que vous allez être pris à un quelconque piège, l'élégance n'est plus de mise. Si vous n'êtes pas sûr de vous, et c'est le cas de la plupart des gens dans ce genre de situations, ne cherchez pas à vous justifier, vous donneriez des arguments à la personne qui cherche à vous piéger. Contentez-vous d'affirmer que vous n'êtes pas en mesure de satisfaire sa demande et mettez fin à la discussion.

> « Rester plus tard ce soir ? Non, désolé, je ne vais pas pouvoir. Bonne soirée, à demain ! »

Pour savoir que répondre, vous pouvez également proposer une alternative. Attention cependant à ne pas tomber dans le piège de la porte au nez. Pour cela, conseillez une solution dans laquelle vous n'êtes pas impliqué.

> « Moi je ne peux pas, mais ce que tu peux faire… »

Affirmez-vous !

Vous avez le droit de ne pas penser comme tout le monde ou plus simplement de ne pas être d'accord avec la personne en face de vous. C'est naturel d'ailleurs, c'est une question que vous ne vous posez pas avec les personnes en qui vous avez confiance.

Notez ici des sujets sur lesquels vous n'êtes pas d'accord, que ce soit avec un membre de votre famille ou votre meilleur(e) ami(e) :

Étonnez-vous !

Essayez de garder un regard innocent et neuf sur les propos de votre interlocuteur. Même s'il vous présente sa vérité comme une vérité universelle. Traquez-les ! Pensez aux statistiques invérifiables, les expressions comme *« tout le monde »* et la *« majorité des gens »*, *« Vous n'êtes pas sans savoir »*... Et si vous êtes sceptique, exprimez-vous !

Exercice

Imaginez-vous en train de répondre à ce vendeur de systèmes d'alarmes ?

Vanitas, vanitatis !

Souvenez-vous de la fable Le Corbeau et le Renard et considérez la flatterie pour ce qu'elle est : un moyen d'endormir votre raison, le temps de vous voler votre fromage (ou emprunter votre voiture, vous faire signer un chèque, organiser une rave chez vous...).

« *Mais il a besoin de moi !* »

Refuser d'aider quelqu'un dans le besoin, que ce soit un ami ou un inconnu, est une position inconfortable. Mais on ne peut aider tout le monde, et on ne peut non plus se laisser émouvoir par des charlatans qui profitent de la sensibilité des gens pour les plumer.

Si c'est là votre point faible, c'est l'heure de prendre de bonnes résolutions :

- Décidez d'un budget « bonnes œuvres » et tenez-vous-y fermement.
- Renseignez-vous sérieusement avant de sortir votre carnet de chèque : demandez une documentation, allez vous renseigner sur Internet. Ayez bien en tête qu'une œuvre caritative sérieuse ne vous demandera jamais de donner de l'argent dans la seconde.

« *Mais que va-t-on penser de moi ?* »

Là aussi, il convient de revenir à plus d'objectivité. Posez-vous ces questions : Qu'avez-vous à faire de l'opinion d'inconnus ? Que savent-ils réellement de vous, de votre vie, de ce que vous êtes vraiment ?

Notez ici vos qualités : ______________________________

____

Notez ici vos défauts : ______________________________

____

S'il s'agit d'amis, vous ne devez pas avoir peur de vous affirmer. Un ami connaît votre valeur, il ne vous jugera pas sur un refus. Si c'est une nouvelle connaissance, il aura tout le temps de (re)connaître vos qualités par la suite.

Ne cédez pas au chantage !

Céder au chantage, c'est accepter de se faire dicter ses décisions par la peur (de blesser ou d'être abandonné), c'est aussi fournir au manipulateur une bonne raison de continuer sur cette voie pour obtenir ce qu'il désire de vous.

Exercice

Imaginez le pire !

Souvenez-vous de la dernière fois où vous avez cédé à un chantage affectif (explicite ou sous-entendu). Maintenant imaginez la même scène si vous n'aviez pas cédé. Quelles auraient pu être les conséquences les pires ?

Le coin du psy

En considérant le pire des scénarios, cela valait-il la peine ?

Trop tard ?

L'effet de gel nous fait souvent croire que la voie dans laquelle on s'est engagée est à sens unique. Pourtant, la plupart des décisions sont révocables. Il suffit souvent simplement d'en prendre conscience.

Revenir sur sa décision

Il n'est jamais trop tard pour faire marche arrière, surtout dans les cas de manipulation. Si, sur le moment, vous avez agi sans réfléchir, vous avez parfaitement le droit de revenir sur votre décision. Cela ne signifiera pas que vous êtes lunatique mais que vous savez reconnaître vos erreurs et que vous avez envie de les réparer.

Sortir du piège abscons

Souvenez-vous que, dans la plupart des cas de manipulation, le manipulateur ne fait que vous mettre le pied à l'étrier, le reste, c'est vous qui le faites. Sachez vous fixer des limites dès le début : passez un contrat avec vous-même et décidez quelles sont les limites à ne pas franchir.

Michel s'est engagé à prêter sa voiture à son collègue Sylvain qui déménage. Sylvain arrive pour récupérer la voiture, mais il est seul : ses amis l'ont planté. Michel accepte de l'aider. Sur le chemin, Sylvain lui apprend qu'ils doivent récupérer des meubles aux quatre coins de la ville. L'heure tourne. À 17 h 30, les meubles sont déchargés, il ne reste plus qu'à les monter chez Sylvain. Michel se sent obligé d'annuler son rendez-vous et de finir le déménagement…

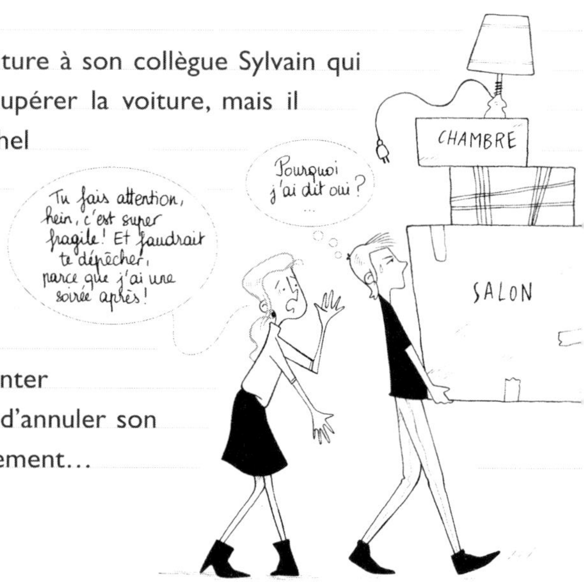

Il rentre chez lui et passe la soirée seul avec la désagréable impression de s'être fait avoir… Comment Michel aurait-il pu éviter l'escalade ? Refaites l'histoire !

Le droit de rétractation

Ce droit est prévu pour protéger le consommateur d'achats effectués à la va-vite dans des contextes particuliers (vente à domicile, vente par correspondance ou Internet…) : il permet de restituer le bien acheté (ou d'annuler le contrat souscrit) sans justification ni paiement de pénalité d'aucune sorte. En France, le délai est fixé à 7 jours francs par l'article L. 121 du Code du commerce. Attention, ce délai ne vaut que si vous ne vous êtes pas servi du produit en question.

C'est à vous !

Souvenez-vous de la dernière fois où vous vous êtes senti manipulé. Comment auriez-vous pu vous sortir d'affaire, même après vous être engagé ?

Peut-on échapper à la manipulation malveillante ?

Dans les cas de manipulation malveillante et de harcèlement, la prise de conscience arrive généralement trop tard pour que la personne en sorte complètement indemne.

> « La méfiance est mère de la sûreté. »
>
> **Jean de La Fontaine**

Avant

Se méfier de tout le monde n'est évidemment pas la solution : vous risqueriez de passer à côté de vraies amitiés durables ou même peut-être du grand amour. Il convient cependant de rester attentif en particulier dans ces cas :

- La personne que vous venez de rencontrer mobilise tout votre temps, de sorte que vous ne voyez plus qu'elle.
- Elle vous demande des choses incongrues au vu de la nature de vos relations : par exemple, votre nouveau voisin vous invite en week-end pour vous changer les idées alors que vous ne le connaissez que depuis une semaine.
- Le moindre refus de votre part la met dans des états disproportionnés : le même voisin ne comprend pas votre refus et vous culpabilise.
- Si la prise de conscience a lieu à ce moment, fuyez ! Défendez votre territoire et espacez vos rencontres.

Pendant

Vous êtes installé dans une routine de harcèlement : vous êtes sous la coupe du manipulateur, vous souffrez mais ne pouvez vous défaire de cette personne qui constitue maintenant tout votre univers. La prise de conscience est douloureuse et souvent partielle. On a conscience d'être malheureux mais on n'ose pas en incomber la responsabilité totale à l'autre. Se faire aider reste la solution la plus efficace, encore faut-il passer outre la honte et la peur. Faire appel à une association ou un psychologue peut être une première étape vers la reconquête de soi-même et la rupture définitive.

Après

Se reconstruire peut être long et difficile. Il faut réapprendre à faire confiance, à soi et aux autres, cela passe souvent par la thérapie.

Le harcèlement au travail

Il est impératif de dénoncer le harcèlement professionnel :

- pour vous : pour restaurer votre estime personnelle et repartir sur des bases saines (le doute ne doit pas subsister) ;
- pour l'entreprise : parce que même si vous partez, vous laissez des victimes potentielles derrière vous.

Comment s'y prendre ? Le plus simple reste de dénoncer les agissements incriminés à un supérieur hiérarchique s'il y en a un. Si ce n'est pas le cas, contactez un avocat des Prudhommes qui vous indiquera la marche à suivre. Dans tous les cas, consignez tous vos échanges et conservez tous vos courriers électroniques. Ils vous serviront à constituer un dossier de preuves. Essayez tant que faire se peut d'éviter les tête-à-tête et veillez à ce qu'il y ait toujours des témoins à vos échanges.

Bilan

Vous savez à présent comment reconnaître la manipulation, l'éviter ou la désamorcer. C'est le moment de passer à la pratique. Voici un petit exercice avant de vous jeter dans la gueule du loup !

C'est à vous !

Pour vous entraîner à résister, rappelez à votre mémoire les cas où vous pensez avoir été manipulé et rejouez les scènes en vous montrant cette fois pleinement maître de la situation.

- *La situation :*
- *Comment j'ai réagi :*
- *Comment j'aurais dû réagir :*

- *La situation :*
- *Comment j'ai réagi :*
- *Comment j'aurais dû réagir :*

Pour ne plus se laisser manipuler

Vous connaissez vos points faibles et êtes décidé à les surmonter.

Notez ici vos bonnes résolutions :

Dorénavant, je …

____

____

____

____

Après...

Ce matin, c'est shopping pour Aurélie : elle a repéré une jupe en solde dans une vitrine. D'abord, un petit détour par le distributeur devant lequel elle se fait alpaguer par un inconnu très persuasif qui collecte des fonds pour la Poldavie. Aurélie est touchée mais n'a jamais entendu parler de ce pays. Elle répond : *« Je vais d'abord étudier votre brochure et votre site Internet. Merci. »*

Elle entre ensuite dans le magasin pour acheter sa petite jupe. À la caisse, surprise, la vendeuse lui annonce que la promotion ne vaut plus : *« C'est trop bête, je viens d'enregistrer la transaction, je vais être obligée d'appeler le gérant... – Oui, appelez-le et vous devriez retirer la promotion de la vitrine également. »* Le gérant est contrit, il lui accorde la réduction.

De retour chez elle, coup de téléphone d'Emma, une copine de fac qui vit dans le Sud. Elle doit venir dîner mais elle a des problèmes avec son hôtel. Devant son embarras, Aurélie lui propose de l'héberger. Emma est soulagée et, avant de raccrocher, elle lance : *« Merci, tu me sauves la vie, t'es vraiment une bonne copine. Mais surtout ne mets pas les petits plats dans les grands, Hadrien et les filles ne sont vraiment pas difficiles ! »* Aurélie n'a pas eu le temps d'en placer une, elle rappelle Emma. *« Je ne savais pas que tu venais avec ta petite famille, je suis désolée, mais je ne vais pas pouvoir tous vous accueillir. – Moi qui croyais pouvoir te faire confiance ! – Tu peux me faire confiance par ailleurs, mais là ça ne va pas être possible, je suis vraiment désolée. »*

Emma semble fâchée, mais elle rappelle finalement Aurélie et lui propose de lui offrir un verre dans la soirée. Plus tard, Aurélie vérifie rapidement les infos sur l'association qui l'a démarchée. Comme elle s'y attendait, elle n'existe pas.

Le cœur léger, elle enfile sa jolie jupe et file à son rendez-vous.

Résultats du test « Êtes-vous influençable ? »

Vous avez une majorité de ▼
Apprenez à vous méfier !

Gentil, à l'écoute, vous avez naturellement tendance à faire confiance aux gens et à leur accorder du crédit. Ne vous fiez pas aux apparences ! La manipulation existe et vous en êtes la cible idéale. En prenant des précautions et en apprenant à dire non, vous ne perdrez pas en humanité, vous donnerez à vos décisions et à vos actes plus de poids et de valeur.

Vous avez une majorité de ●
Vous jouez un jeu délicat

Vous vous êtes déjà fait manipuler, vous êtes conscient que le danger existe mais vous ne voulez pas sombrer dans la parano pour autant, ni vous priver de bonnes surprises. Continuez à vous adapter et sachez rester ferme dans vos convictions. Souvenez-vous qu'il n'est jamais trop tard pour faire marche arrière et apprenez de vos erreurs.

Vous avez une majorité de ■
Relâchez votre garde !

La manipulation existe mais ce n'est pas une raison pour vous méfier de tout et de tout le monde. Être vigilant, c'est important mais en vous fermant comme vous le faites, vous risquez de perdre des occasions de rencontre ou de découvertes intéressantes, Apprenez à vous détendre et à faire confiance aux personnes qui le méritent. Gardez l'œil ouvert mais donnez-vous la chance de vous laisser surprendre !

Mémo

Découpez et conservez ces fiches dans votre agenda.

Souvenez-vous

- Nous usons tous de manipulation à des degrés divers.
- Il ne s'agit pas de se méfier de tout le monde mais de rester vigilant.
- Vous êtes libre de dire non et même de revenir sur vos décisions.
- Les compliments sont rarement désintéressés.
- Ne vous souciez pas de ce que peuvent penser de vous des inconnus.

Demandez-vous toujours…

- Sur quoi est basée la confiance que vous êtes prêt à accorder.
- Par quoi vos décisions sont motivées.
- À qui profite réellement ce que vous allez faire.

Prenez garde si…

- On vous demande de vous décider dans l'urgence.
- On vous demande de faire quelque chose qui est contraire à vos principes.
- Vous vous sentez soudainement isolé, coupé du monde.

Auteur : Anne Guibert
Illustratrice (p. 132-191) : Vivilablonde

EDITIONS ESI

60, rue Vitruve 75020 Paris
Imprimé en République Tchèque par FINIDR
 - Dépôt légal : mai 2012 - Achevé d'imprimer : avril 2012
ISBN : 978-2-8226-0021-7 - N° Sofédis : S493625